A DIFÍCIL ARTE DE SER VOCÊ MESMO

A DIFÍCIL ARTE
DE SER VOCÊ MESMO

—

DONALD MILLER

Traduzido por Maria Emília de Oliveira

Copyright © 2014 por Donald Miller
Publicado originalmente por Thomas Nelson, uma divisão da HarperCollins Christian Publishing, Inc., Nashville, Tennessee, EUA.
Direitos negociados por Silvia Bastos, S. L., agência literária.

Os textos das referências bíblicas foram extraídos da *Nova Versão Transformadora* (NVT), da Editora Mundo Cristão (usado com permissão da Tyndale House Publishers, Inc.), salvo indicação específica.

Todos os direitos reservados e protegidos pela Lei 9.610, de 19/02/1998.

É expressamente proibida a reprodução total ou parcial deste livro, por quaisquer meios (eletrônicos, mecânicos, fotográficos, gravação e outros), sem prévia autorização, por escrito, da editora.

Edição
Daniel Faria
Revisão
Natália Custódio
Produção
Felipe Marques
Colaboração
Ana Paz
Diagramação
Triall Editorial Ltda

CIP-Brasil. Catalogação na publicação
Sindicato Nacional dos Editores de Livros, RJ

M592d

Miller, Donald
  A difícil arte de ser você mesmo / Donald Miller ; traduzido por Maria Emília de Oliveira. - 1. ed. - São Paulo : Mundo Cristão, 2019.
  208 p.

  Tradução de: Scary close: dropping the act and finding true intimacy
  ISBN 978-85-433-0373-4

  1. Intimidade (Psicologia). 2. Individuação (Psicologia). 3. Psicologia existencial. I. Oliveira, Maria Emília de. II. Título.

19-54712
CDD: 158.2
CDU: 159.923.2

Categoria: Autoajuda
1ª edição: março de 2019

Publicado no Brasil com todos os direitos reservados por:

Editora Mundo Cristão
Rua Antônio Carlos Tacconi, 69
São Paulo, SP, Brasil
CEP 04810-020
Telefone: (11) 2127-4147
www.mundocristao.com.br

Sumário

Prefácio   7
Nota do autor   11

1. Os ruídos perturbadores da insegurança   13
2. Você é bom em relacionamentos   19
3. Todos têm uma história, e não é a que estão contando   24
4. Por que alguns animais se mostram maiores do que são   31
5. Três lições que aprendi sobre relacionamentos enquanto nadava num lago   42
6. A ansiedade por representar na vida real   55
7. As pessoas que escolhemos amar   69
8. O controle das fantasias   78
9. Cinco tipos de manipuladores   94

10. Lucy na cozinha	107
11. O risco de ser cuidadoso	122
12. Pais maravilhosos fazem isso muito bem	141
13. Os ingredientes de uma vida significativa	156
14. Os homens procuram intimidade na vida a dois de modo diferente?	168
15. Você não me completará	184
16. O lugar onde deixamos nossos fantasmas	194
Agradecimentos	203

Prefácio

Todos nós somos amadores quando o assunto é amor e relacionamentos. Nunca vi ninguém ser profissional nessa área, assim como nunca vi pilotos de automobilismo usando macacão com adesivos de patrocinadores de relacionamentos. Essa gente também nunca organiza um evento olímpico de relacionamentos, embora eu deva admitir, com toda sinceridade, que gostaria de ver um nos Jogos Olímpicos de Inverno. Deixemos essa discussão a cargo das revistas exibidas em primeiro plano nas bancas, dos filmes em nossos cinemas e dos ex-namorados e ex-namoradas que nos decepcionaram. Não é de admirar que tenhamos uma ideia distorcida não apenas de quem somos, mas também do significado de amar.

Don Miller é um de meus amigos mais chegados. Sei que ele me ama porque já me disse isso. Porém, mesmo que ele não tivesse dito nada, eu saberia que Don me ama porque já tive a experiência de ver como ele me tratou em tempos de imensa alegria, de tristeza paralisante e de incerteza persistente. Resumindo, Don sempre está "comigo".

Alguns anos atrás, Don e eu viajamos juntos a Gulu, em Uganda. A guerra civil de Uganda, com o Exército de Resistência do Senhor, ainda devastava a localidade, e mais de 1 milhão de pessoas que haviam sido arrancadas de seus lares estava morando em acampamentos de desalojados, sem nenhum auxílio do governo e com pouquíssima segurança. Quando chegamos à região norte de Uganda, não nos hospedamos num hotel; acomodamo-nos num acampamento com 38 mil desalojados, um local quase sem nenhum conforto. Ainda ocorriam na região sequestros promovidos pelos combatentes do ERS, em grande parte nos acampamentos dos desalojados.

Era tarde da noite quando Don e eu nos afastamos da fogueira e encerramos nossa conversa com os líderes do acampamento. Caminhamos no escuro até a barraca onde estávamos alojados. Não havia meios de nos proteger contra algum intruso que tivesse intenção de nos atacar. Depois de entrarmos na barraca por uma pequena abertura, Don, sem dizer uma só palavra, rolou seu colchão e estendeu-o na entrada. Os intrusos teriam de passar por cima dele para atacar alguém na barraca. Bons amigos fazem isso: protegem uns aos outros em situação de perigo, colocando-se entre os amigos e aquilo que os ameaça. Don escreveu este livro com muito disso em mente.

Recebo um volume muito grande de correspondência e tenho certeza de que você também recebe. A maioria de minha correspondência procede de pessoas que conheço, mas recebo também muito lixo postal. Antes de abrir, verifico o nome do remetente para saber se foi enviado por alguém que conheço e em quem confio. Parte de meu lixo postal é fácil de ser eliminada da pilha sem nem mesmo ler o conteúdo, mas a maioria dá a impressão de não ser correspondência indesejada; às vezes é difícil saber a diferença. O mesmo se aplica aos relacionamentos. Este livro o ajudará a separar o lixo postal que você está incluindo em seus relacionamentos.

Se, porém, você estiver à procura de um livro com orientações passo a passo, este não lhe será útil. Don escreve com sinceridade intelectual, e às vezes com transparência dolorosa, sobre sua vida. Ele descobriu que a sinceridade e a transparência são orientações úteis. Don não pede que concordemos com ele a respeito de suas experiências; contudo, ele tem posto em xeque várias de minhas ideias sobre o que é importante para termos bons relacionamentos, e melhorei nisso.

Don e eu palestramos juntos em alguns eventos ao longo dos anos. A parte mais difícil para mim nunca é sobre quem estou falando nem sobre o que estou falando, mas, sim, apresentar Don. Acredite se quiser, mas não houve uma vez sequer que eu não tenha ficado com a voz embargada ao apresentá-lo. Não sei explicar por quê. Talvez seja porque amo Don, e o amor nos torna fortes e fracos ao mesmo tempo. Amo Don pelo que ele é, amo Don pela pessoa que ele está se tornando, e sou grato pelo homem que se colocará entre mim e o que mais me assusta, mesmo que isso lhe custe muito.

Quero apresentar-lhe meu amigo Don Miller. E, sim, estou chorando.

BOB GOFF
Escritor e advogado

Nota do autor

Certa vez, alguém me disse que só nos sentiremos amados quando pararmos de representar, quando estivermos dispostos a mostrar nossa verdadeira identidade aos que nos rodeiam.

Quando ouvi isso, sabia que era verdade. Passei boa parte da vida agindo como ator, desejando o aplauso do público — mas o aplauso só me fez querer mais aplausos. Nunca fui ator de teatro nem de coisa alguma. Estou falando da vida real.

A ideia de não representar exercia pressão sobre mim de forma assustadora. Será que podemos confiar que as pessoas nos amam como realmente somos? Ninguém entra num palco e recebe aplausos em pé porque é um ser humano. É necessário cantar, dançar ou mostrar alguma habilidade.

Penso, porém, que essa seja a diferença entre ser amado e ser aplaudido. O amor não pode ser adquirido, só pode ser doado. E só pode haver troca de amor entre pessoas que sejam completamente verdadeiras entre si.

Contudo, eu não deveria fingir que sou especialista no assunto. Só me casei aos 42 anos, o que mostra quanto tempo levei para arriscar-me a conviver com outro ser humano.

Estas são as duas coisas que descobri ao iniciar a longa viagem:

O aplauso é uma satisfação fugaz. O amor é um prazer que se adquire aos poucos.

Atenciosamente,

DONALD MILLER

1
Os ruídos perturbadores da insegurança

Só comecei a pensar em minhas dificuldades com relação à intimidade na vida a dois quando minha noiva foi ao meu encontro em Asheville para um longo fim de semana. Eu havia alugado um chalé em Blue Ridge Mountains, onde tentava terminar um livro antes de nosso casamento. Passei mais de um ano correndo atrás dela; cheguei até a mudar-me para Washington, DC, para namorá-la, mas assim que a aliança de noivado foi colocada em seu dedo, voltei para a floresta. Queria terminar o livro para que ela não tivesse de se casar com um escritor temperamental. Nenhuma mulher deve passar o primeiro ano de casamento vendo o marido andando de calção de um lado para o outro, resmungando consigo mesmo. A vida do escritor só é romântica no papel. A verdade é esta: aquilo que os escritores escrevem e a maneira como vivem são tão diferentes quanto carvão e diamante. A vida de quem escreve tem um brilho enganador.

Esse é um dos problemas que me preocupam. Não confio que as pessoas me aceitem como sou no decorrer do tempo. Sou o tipo de pessoa que deseja apresentar-se como é da maneira mais sincera e autêntica ao mundo — por isso, escondo-me nos bastidores e ensaio falas sinceras e autênticas até a cortina se abrir.

Estou dizendo isso só porque o mesmo traço de personalidade que faz de mim um bom escritor também faz de mim uma péssima pessoa quando se trata de relacionamentos. Só podemos nos esconder nos bastidores por algum tempo. Para ter um relacionamento de intimidade, é preciso mostrar às pessoas quem realmente somos. Aprendi a me sair bem quanto a atrair a atenção de uma mulher e, depois, curvar-me para dizer: "Obrigado, você foi uma plateia excelente", no exato momento de mostrar a ela quem eu realmente era. Eu mal sabia quem realmente era, muito menos como fazê-la conhecer-me totalmente.

Quando Betsy chegou a Asheville, fazia semanas que eu quase não conversava com outro ser humano. Senti-me como um mergulhador forçado a subir à superfície quando ela me fez uma pergunta.

Estávamos sentados à beira do lago em frente ao chalé quando ela perguntou como eu conseguia passar tanto tempo sozinho. Contou que seus amigos admiravam minha capacidade de permanecer isolado para escrever um livro, mas se perguntavam se aquilo era saudável. Eu não imaginava que Betsy se preocupasse com isso. Achava apenas que ela considerasse estranha essa capacidade.

Pensei no assunto e disse-lhe algo que aprendi a meu respeito no ano em que passei correndo atrás dela. Aprendi que meu erro era viver representando. Mesmo em pequenos grupos, eu achava necessário estar "ligado". Quando, porém, estou sozinho, minha energia retorna, pois não preciso representar para ninguém.

Betsy disse que eu não precisava representar para ela. Nem era necessário ela dizer isso; eu sabia que era verdade. Com quem mais você se casaria, a não ser com a pessoa que o puxa para fora do palco?

Os olhos de Betsy eram verdes como o reflexo das árvores no lago. E profundos como o lago, suponho. Ela demorou um pouco para acreditar e, mesmo com a aliança no dedo, eu sabia que parte de seu coração continuava arredio.

Eu tenho a mania de impressionar as pessoas por meio de representação dramática; já Betsy tem a mania de querer ver para crer. Ela não faz isso conscientemente. É que sob a capa de uma mulher forte existe fragilidade, então ela não entrega o coração a qualquer um.

Quando nos conhecemos, Betsy contou-me que necessitava de tempo para ligar-se a alguém. Ela queria dizer que precisaríamos passar horas a fio juntos, sem fazer nada, para sentir-se segura. Acreditava que alguém poderia chegar e partir com uma canção e uma dança, mas só o comprometimento perduraria. E sua comunidade refletia isso. Enquanto passei a vida tentando atrair aplausos das pessoas, Betsy construiu um alicerce de amigos, primos e irmãos e irmãs confiáveis. E, para aqueles amigos, ela era ferozmente leal.

Durante um ano de namoro, tivemos apenas uma discussão realmente assustadora, por eu ter ofendido uma de suas amigas. Na verdade, afirmei objetivamente que uma de suas amigas era grosseira e que teria mais chances com os homens se parasse de tirar-lhes a masculinidade. Disse que preferia não passar mais tempo com aquela moça, desde que Betsy não se importasse. E assim foi.

Aquele único comentário quase destruiu nosso relacionamento. Betsy dobrou o guardanapo no colo e ajeitou-se na cadeira diante da mesa. Permaneceu em silêncio e com o olhar flamejante. Quando o garçom chegou para reabastecer nossos copos com água, juro que ele se afastou da mesa sem dar meia-volta.

E não foi sequer meu comentário que provocou aquilo, mas a ideia de que eu poderia considerar uma pessoa descartável. Para Betsy, os relacionamentos eram a coisa mais importante na vida, a soma de um sem-número de conversas e de experiências compartilhadas. Era mais fácil para ela derrubar uma árvore de grande porte que terminar um relacionamento. No calor da discussão, percebi que eu era apenas uma árvore em fase de crescimento na floresta da vida daquela mulher. Nunca mais disse uma só palavra depreciativa sobre suas amigas. Se quisesse conquistar seu coração, teria de plantar-me na floresta e desenvolver lentamente os anéis de crescimento do tronco que demonstram lealdade, da mesma forma que ela e suas amigas haviam feito umas com as outras.

Na época, eu sabia que aquele relacionamento teria de ser diferente. Sabia que precisaria me conhecer e ser conhecido. Aquele panorama não era apenas aterrorizante, era estranho; e eu não sabia o que fazer. Além disso, os riscos eram altos. Teria de aprender a ser firme ou passaria o resto da vida fingindo. Era tudo ou nada — um relacionamento de intimidade a dois ou isolamento total.

Uma das muitas coisas boas que Deus me concedeu por meio de Betsy foi motivação para mudar. Teria passado anos isolado e sozinho, planejando as palavras para dizer às pessoas quem eu era — ou, mais precisamente, quem eu queria ser. Porém, de muitas maneiras, aquela era uma vida sombria e solitária. Não estou dizendo que ela não teve pontos altos, porque sempre é bom receber aplausos. Mas é melhor ainda quando temos alguém em casa, alguém com quem conversar sobre o assunto, alguém que esteja mais apaixonado que impressionado conosco.

Esse é o ponto essencial desta história, suponho, e esses são alguns aspectos do ano que passei aprendendo a representar menos, a ser mais autêntico e a vencer o medo complicado de ser conhecido. Este livro gira em torno de como entendi que poderia ter uma vida feliz sem ter de dividir um átomo e sem ser um sucesso fenomenal. É verdade que nossa vida passa batida e despercebida pelas multidões, e não somos menos dignos por ter vivido discretamente. Na verdade, passei a acreditar que existe nobreza em ter uma vida pacata, desde que ofereçamos amor a uma pessoa que também nos ofereça amor.

Há um pensamento que me persegue: como seria se tivéssemos nascido com antenas sensíveis, receptores para o amor, um desejo que confundiríamos com necessidade de causar boa impressão? E se algumas pessoas muito bem--sucedidas no mundo tivessem chegado a esse ponto porque seu sucesso fora movido por uma necessidade mal direcionada de amor? E se as pessoas que consideramos poderosas fossem, na verdade, as mais derrotadas? E se o tempo todo em que estivessem buscando aplauso elas estivessem perdendo a oportunidade de ter uma verdadeira intimidade com alguém porque nunca aprenderam a recebê-la?

Anos atrás, lembro-me de ter visto uma entrevista com o filho de um ex-presidente que, depois de um suspiro e de um longo silêncio, admitiu que passara horas intermináveis com o homem mais poderoso do mundo, mas não fazia ideia de quem ele realmente era. "Nunca conheci meu pai", o filho disse. "Ninguém conheceu meu pai."

Há poucas ocasiões na vida nas quais temos a oportunidade de conhecer, no momento, o impacto do próprio momento. Mas, sentado ali na beira do lago em companhia de Betsy, eu sabia que poderia permitir que ela me conhecesse de verdade ou poderia dançar uma giga e derreter da mesma forma que um falso amor. A decisão produziria efeito não apenas em nosso relacionamento, mas também na saúde mental de nossos filhos, na vida de nossos amigos e, talvez, de alguma forma misteriosa, em toda a eternidade.

Não tenho a intenção de exagerar sobre aquilo que ainda é desconhecido, mas parte de mim acredita que, quando a história do mundo for contada, só será lembrada a verdade que dissemos uns aos outros. Os momentos vulneráveis. O aterrorizante risco do amor e o cuidado que tomamos para cultivá-lo. E todo o resto, os ruídos perturbadores da insegurança e da bajulação e os holofotes, irão se apagar como uma televisão desligada.

2
Você é bom em relacionamentos

O fato de Betsy e eu estarmos noivos era um milagre. Apenas dois anos antes de começarmos a namorar, estava convencido de que a única coisa que eu tinha a oferecer numa relação era sofrimento. Havia rompido um noivado. Provocara um grande estrago, e o único aspecto positivo fora que o sofrimento, tanto o dela quanto o meu, modificara completamente meu comportamento. Eu não poderia mais viver daquela maneira.

Eu agia assim: depois de conhecer uma garota que parecia inatingível para mim, convidava-a para sair, passava um tempo com ela, começava a namorá-la e, por fim, tornava-me obsessivo. Eu necessitava da aprovação dela; não era apenas um desejo, era uma necessidade. Não entendia por que ela não retornava minhas ligações e mensagens de texto nem por que parecia não gostar de mim do modo que eu gostava dela. Nos tempos de juventude, isso destruía todas as chances de um relacionamento; porém, no decorrer dos anos, aprendi a esconder o que sentia. Marcava no calendário quantos dias haviam decorrido desde o último contato com a garota. Contava até dez antes de voltar a falar com ela para não parecer ansioso demais. Eu tinha um método, e esse método funcionava.

Era aí que a fase dois entrava em ação. De repente, depois de toda aquela obsessão, eu perdia o interesse. Sentia atração pelas garotas que se faziam de vítimas, pois elas fazem que nos sintamos como heróis. Até o ponto de ficar ressentido; depois disso, não conseguia suportá-las. Tornava-me desprezível, dizia coisas desprezíveis. Então, sentia-me péssimo, recompunha-me e voltava a ficar ressentido. Minha vida amorosa era uma espiral mortífera de codependência e ressentimento.

O último relacionamento foi o mais doloroso de todos.

Foi meu amigo Bob quem, um dia, me convenceu a terminá-lo. Bob é um advogado dinâmico de San Diego e tem o talento de mediar conflitos. Ele notou o problema logo no início. Ligava mais ou menos toda semana para inteirar-se das notícias, para saber como ia o noivado, que nunca ia bem. Havíamos discutido de novo. Ou fazia dias que eu não dormia. Ela havia tirado a aliança e guardado numa caixa. Havíamos cancelado os convites de casamento.

— Don — Bob disse. — Acho que seu noivado acabou.

Na época, eu tinha um escritório em cima de um restaurante tailandês, no 23º andar. Estiquei o corpo na cadeira e apoiei o pé no parapeito da janela. Com as pontas dos dedos, examinei rapidamente a correspondência acumulada durante semanas. Bob repetiu o que tinha dito. Disse que achava que meu relacionamento havia acabado e que eu precisava admitir o fato. Eu sabia que ele estava certo. Acabara havia meses.

— Quer que eu pegue um avião para ajudá-lo a dizer a ela? — perguntou com tristeza na voz.
— Não — respondi. — Posso fazer isso sozinho.
Então, fiz. Hoje, parece um fato corriqueiro. Milhões de casais rompem o noivado e quase todos se sentem melhor depois disso. Quando, porém, você está envolvido, quando diz todas aquelas palavras e depois de alguns meses descobre que não queria dizê-las, você se sente um tolo. A gente se pergunta se nossas palavras ainda têm o poder de antes, e o que é um homem se as palavras estiverem enfraquecidas?

Acrescente a isso a tristeza, o sofrimento confuso por ter magoado alguém e a constatação forçada de que existe algo em você muito negativo e descuidado, capaz de arrasar um coração.

Minha fase de tristeza durou quase um ano. E, mais uma vez, foi Bob quem me ajudou a atravessá-la. Uma tarde, quando voltei ao escritório e tentava escrever, Bob me ligou novamente. Queria saber como eu estava, e respondi que estava bem. Perguntou se eu estava me recuperando, e respondi que sim. Nada daquilo era verdade, obviamente. Eu não estava nada bem. Estava entorpecido; guardava uma garrafa de uísque atrás de uma Bíblia na prateleira e, depois que todos iam para casa, tomava três doses e ouvia música, como forma de tentar sentir alguma coisa.

— Você não parece bem — disse Bob.

Já havia discutido com ele, mas estava com medo de que notasse que eu queria enganá-lo com minhas palavras.

— Sabe o que notei em você, Don? — ele perguntou.
— O quê, Bob?
— Notei que você é bom em relacionamentos.

Eu não disse nada. Não tinha certeza se o entendera corretamente. Em seguida, ele repetiu em meio ao silêncio do telefone.

— Você é bom em relacionamentos, Don.

A verdade era que eu não havia chorado desde que rompera o noivado. Conforme mencionei, estava entorpecido. Mas, quando ele disse aquelas palavras absurdas, o sentimento voltou a brotar dentro de mim, e todo o sofrimento de quase um ano intensificou-se. Afastei o fone do ouvido, debrucei-me sobre a mesa e chorei. Enquanto eu chorava, Bob continuou repetindo:

— Don, você é bom em relacionamentos. Continua bom. Sempre foi bom nisso.

Nos meses seguintes, houve um abismo profundo entre a afirmação de Bob e o modo como eu me sentia. Ele, porém, continuou a telefonar, e todas as vezes repetia: "Acredite, Don, você é bom em relacionamentos. Lembra--se daquela vez que me encorajou? Lembra-se do garoto que conhecemos em Uganda e de quanto ele amou você? Lembra-se daquela garota que namorou anos atrás e pensa em você até hoje como um irmão? Não podemos permitir que nossos fracassos definam quem somos, Don. Você é bom em relacionamentos, e está ficando cada vez melhor". Como se fosse um advogado num tribunal, ele apresentou seus argumentos à minha alma, semana após semana, até que o abismo começou a fechar e eu voltei a pensar em namorar outra vez.

Quando digo que voltei a pensar em namorar outra vez, não estou dizendo que estava pronto para um relacionamento sério. Betsy não apareceu mais durante um ano, e

Deus sabe se ela pressentiu meus problemas. Só quero dizer que o sofrimento diminuiu a ponto de eu começar a sentir obsessão de novo pelas garotas. O antigo comportamento voltou. Mas dessa vez reconheci que havia algo errado. E decidi procurar ajuda.

3
Todos têm uma história, e não é a que estão contando

Fazia anos que eu ouvira falar daquele lugar, nos arredores de Nashville, chamado Onsite. Era descrito como um acampamento de terapia para adultos. Tive vários amigos cantores e compositores em crise de criatividade para o trabalho que, depois de participar de um dos programas de Onsite, voltaram prontos para escrever novamente. Um deles, Jake, contou-me que o programa o ajudou a descobrir por que ele tinha tantos relacionamentos fracassados. Ele afirmou que o principal objetivo dos *workshops* dos quais participou era lidar com codependência e vergonha.

Inscrevi-me, mas no fundo não queria ir. Decidi ir principalmente porque o rompimento do noivado chegara ao conhecimento de um grupo de pessoas, e queria que elas soubessem que estava tentando resolver minha situação. Era aquela antiga mania de representar que você já conhece. Parte de mim acreditava que o tempo resolveria meus problemas. Afinal, havia escrito livros de grande sucesso, que ajudavam as pessoas a resolver os próprios problemas. Por que não poderia resolver o meu? Na época, estava pesquisando a estrutura de uma história, os tipos de enredos que tornam alguns filmes tão atraentes. Um dia, percebi um detalhe óbvio: em todos esses filmes havia um enredo semelhante. O herói sempre é fraco no início e forte no fim, ou idiota no início e bonzinho no fim, ou então covarde no início e corajoso no fim. Em outras palavras, quase sempre os heróis são emocionalmente instáveis. Mas isso pouco importava. Tudo o que o herói tem de fazer para tornar a história fenomenal é lutar sem hesitação, enfrentar seus demônios e reunir força suficiente para destruir a Estrela da Morte.

Depois disso, notei outro detalhe: o personagem mais forte da história não é o herói; é o conselheiro. Yoda. Haymitch. É o conselheiro que leva o herói de volta aos trilhos. O conselheiro apresenta um plano ao herói e confiança suficiente para entrar na briga. Ele já percorreu o mesmo caminho do herói e tem experiência e sabedoria para ajudá-lo a vencer os problemas, para que, juntos, vençam a resistência.

Quanto mais lia a história, mais me dava conta de que necessitava de um conselheiro.

O trajeto de ônibus do aeroporto a Onsite foi terrível. Havia gente de todos os lugares, cerca de quarenta pessoas, sentadas desconfortavelmente, perto demais umas das outras e sem conversar. Apesar de ter quase 40 anos, eu me sentia um adolescente sendo enviado a um centro de reabilitação. Olhei ao redor, imaginando qual era o objetivo dos outros que ali estavam. Tentei classificá-los: pervertidos, parasitas, viciados em drogas, obcecados por teorias da conspiração.

Quando chegamos, surpreendi-me ao ver a serenidade do lugar. Onsite localiza-se numa antiga mansão numa colina. Da espaçosa varanda da mansão quase não se vê outras casas ou fazendas. Há cavalos andando a esmo atrás da mansão e um riacho entre o pasto e a colina mais próxima. Os funcionários são simpáticos, embora finjam não possuir um armário escondido em algum lugar, repleto de armas com dardos tranquilizantes.

Alguns de nós tínhamos colegas de quarto em Onsite. Quando perguntei ao colega da cama ao lado da minha por que estava ali, ele respondeu que destruíra seu casamento e sua empresa por ter mentido. Disse que não sabia por que mentira, a não ser por querer impressionar os outros. Mas a mentira o levara à falência, e ele se inscreveu em Onsite quando sua ex-mulher lhe falou sobre o lugar. Curiosamente, passei a confiar no colega depois disso. Senti que poderia contar-lhe tudo. Não contei, mas achei que podia ter contado.

O outro colega contou-nos, depois de dois minutos que entramos no quarto, que era mestre em caratê. Disse que poderia atirar um sujeito ao chão com um só movimento e quebrar-lhe o pescoço imediatamente. Ele descreveu o movimento fazendo um rápido giro no ar, acompanhado de uma espécie de assobio; devia ser o som de quando o pescoço de alguém é quebrado.

Os funcionários de Onsite eram orientados a pedir que desligássemos nossos celulares. Avisaram que poderíamos fazer duas últimas ligações, se necessário, mas que depois disso não nos comunicaríamos com o mundo lá fora por mais de uma semana. Todos se mexeram para fazer as ligações ou verificar suas ações. Limitei-me a colocar meu celular no cesto. Quem ia me ligar? Bob? Eu era capaz de ouvi-lo dizer: "Don, você é bom demais em reabilitações". Depois que desligamos os celulares, um sujeito chamado Bill Lokey chegou e nos cumprimentou. Notei um leve sotaque do Tennessee. Ele usava camisa de flanela e calça *jeans*, tinha cabelos grisalhos repartidos e corpo empertigado como se fosse um cantor de *folk*. Parecia ser um homem que parara de beber décadas antes e agora lia muitas poesias.

O grupo todo se sentou e Bill explicou que havia terminado seu primeiro casamento anos antes, depois de ter tido alguns envolvimentos extraconjugais e ter vivido desonestamente. Contou que viera a Onsite da mesma forma que nós, e ali aprendera lições sobre codependência e outras coisas negativas que as pessoas fazem para se sentir completas e no centro das atenções. Disse que a jornada havia sido longa, mas agora as tentações tinham ido embora. Anos depois de partir de Onsite como paciente, Bill licenciou-se em terapia e voltou para dirigir os programas.

Minha primeira e grande descoberta ocorreu enquanto Bill e eu almoçávamos na mansão. Eu estava contando piadas, e ele me perguntou se eu sabia de onde provinha meu gene de ator. Não podia acreditar que ele tivesse identificado tão rapidamente meu jeito de ser. Respondi que não sabia, que sempre senti uma necessidade de ser esperto ou engraçado. Bill pegou um guardanapo na mesa e desenhou um círculo nele. Escreveu a palavra "ego" dentro do círculo e explicou que todos nascem com um pequeno ego. Disse que, a exemplo de todas as outras pessoas, eu nasci com um ego pequeno e completamente saudável. Porém, ele prosseguiu, algo aconteceu em minha vida e mudou tudo.

Em seguida, desenhou um círculo maior em volta do menor, fazendo algo parecido com um alvo. Dentro do segundo círculo, escreveu a palavra "vergonha". Disse que, a certa altura da vida, fosse isso verdade ou não, houve algo errado comigo. Ou eu não me sentia à altura dos padrões de meus pais, ou as crianças na escola zombavam de mim, ou passei a acreditar que era inferior aos outros. A vergonha, ele disse, fez que eu me escondesse.

— E esse — ele disse — é o problema. Quanto mais você se esconde, mais difícil se torna ser conhecido. E temos de ser conhecidos para nos conectar uns com os outros.

Então ele desenhou outro círculo em volta do segundo e disse que aquele círculo exterior era o falso ego, que criamos para encobrir nossa vergonha. Explicou que era naquele círculo que provavelmente se desenvolvia o que imaginamos ser nossa personalidade, ou o "personagem" que aprendemos a representar no teatro da vida. Bill disse que alguns de nós aprendemos que a coisa mais importante na vida é ser atraente, poderoso ou ter alguma habilidade, mas que provavelmente cada um de nós tem uma carta na manga que, em nossa opinião, nos tornará pessoas amadas.

Antes mesmo de Bill perguntar, deixei escapar a palavra "humor". Ele olhou para o guardanapo e escreveu a palavra "humor" no círculo externo, sem levantar a cabeça. Permaneceu com a caneta no ar acima de um espaço em branco no círculo externo. Eu disse a palavra "inteligência", e ele a escreveu também dentro do círculo externo.

Acrescentei algumas palavras e então paramos. Bill virou o guardanapo de frente para mim e, enquanto eu olhava para o guardanapo, tive a sensação de estar me vendo num espelho. Eu era um ego, coberto de vergonha e escondido atrás de uma cena teatral. Isso com certeza não se chama transparência. Não tenho nenhum problema com uma pessoa por ela ser esperta ou engraçada; também não acho que seja errado alguém receber a confirmação de que possui talento. Mas o que Bill estava extraindo era mais profundo, um sussurro enterrado dentro de mim, que repetia uma mentira: "Só terei valor se...".

Bill apontou para o círculo menor, para a palavra "ego", e disse:

— Este sujeito, seu ego interior, é a parte de você que dá e recebe amor. Os outros círculos não passam de teatro.

Fui dormir, naquela noite, indagando-me se minha personalidade não seria em grande parte uma ideia abstrata reacionária, um mecanismo que usava para conseguir o respeito do mundo. Em outras palavras, e se minha encenação não fosse nada daquilo que eu era?

Tive dificuldade para dormir naquela noite. Queria saber quem eu era realmente, quem estava enterrado naqueles círculos.

Meus colegas de quarto também tiveram dificuldade para dormir. O que havia mentido disse que já se sentira derrotado num daqueles pequenos grupos. Contou que sentia saudades da ex-mulher e não conseguia acreditar que jogara tudo fora.

Perguntei ao mestre de caratê se havia aprendido alguma coisa naquele dia, e ele permaneceu calado por uns instantes. Finalmente disse que não sabia ao certo o que significavam todas aquelas coisas tão delicadas. Contou que sua natureza era lutar contra tudo. Então levantou-se para ir ao banheiro, mas deixou a porta entreaberta, permitindo que uma réstia de lua iluminasse sua cama. Meu outro colega de quarto fez um leve som com as mãos para chamar-me a atenção. Ergui a cabeça, e ele apontou para a cama do mestre de caratê. Não estou brincando; bem ao lado de seu travesseiro havia um ursinho de pelúcia gasto pelo tempo. O mestre de caratê dormia com um ursinho de pelúcia. Inacreditável. Juro que, depois daquilo, passei a amar o sujeito.

Às vezes a história que estamos contando ao mundo não é tão cativante como a que vive dentro de nós.

4
Por que alguns animais se mostram maiores do que são

Na manhã seguinte, Bill pediu que nos lembrássemos da ocasião em que a vergonha entrou em nossa vida. Ele salientou que provavelmente nos lembraríamos do momento exato, porque a vergonha sempre encontra um jeito de vir à tona, mesmo antes de aprendermos a nos expressar. Porém, quanto mais nos esforçássemos para voltar no tempo, mais eficaz seria a cura. Se identificássemos aquelas primeiras lembranças de vergonha e reescrevêssemos a história de forma mais delicada, sob uma perspectiva adulta, isso poderia ajudar a cura.

Sentamo-nos sobre tapetes de ioga numa sala grande e aberta, com os cadernos para anotação nas mãos, concentrados nas lembranças; mas eu não conseguia me lembrar de nada. Todas as minhas cicatrizes haviam se transformado em músculos, eu imaginava. Por alguns momentos, achei que aquela tarefa não passava de embromação. Então, do outro lado da sala, alguém começou a chorar e a escrever em seu diário. Em seguida, mais outro começou a chorar e a escrever. Pode parecer que a pressão dos colegas não seja capaz de exercer influência sobre você depois dos anos escolares, mas, assim que o mestre de caratê começou a soluçar, achei que seria melhor começar a escrever alguma coisa.

Pensei em minha infância. Provavelmente, havia muitos motivos para eu sentir vergonha. Fui um garoto obeso, era péssimo com as garotas, não sabia dançar, éramos pobres e minha mãe costurava camisas para mim com retalhos que minha avó guardava para confeccionar colchas. No entanto, todas essas coisas me pareciam cômicas. Eu não sentia nenhum dos constrangimentos da infância como especialmente doloroso. Porém, quanto mais ouvia os colegas chorando, mais imaginava que deveria haver algo mais. Foi então que uma lembrança me veio à mente; ela foi precedida de medo, como se o corpo estivesse pedindo à mente que a bloqueasse.

Era uma lembrança dos primeiros anos escolares. Sentado no tapete de ioga, lembrei-me pela primeira vez, em décadas, de que minha cama estava sempre molhada quando eu era criança. Sério, meus rins e bexiga só passaram a funcionar bem depois dos 12 anos. A sensação era a de que estava me lembrando de outra pessoa, como se tivesse tido múltiplas vidas de múltiplas pessoas, e uma delas crescera com a bexiga atrofiada e passara a infância molhando as calças na escola. Aquela pessoa seria realmente eu?

Era verdade. Passei os primeiros cinco anos de interação social escondendo-me de meus colegas. Atravessava os corredores da escola segurando os livros na frente da braguilha, para impedir que os outros vissem a marca redonda de urina. Aquele era eu, realmente. Aquela era a minha história.

Eu não era ninguém mais além de mim. Lembrei-me, de repente, de ter passado um inverno inteiro tentando puxar o casaco até a braguilha para que ninguém soubesse que eu molhava a calça.

Foi então que uma lembrança específica me veio à mente. Até hoje, penso que Deus invadiu meus pensamentos bem ali em Onsite, num lugar seguro onde eu poderia aceitar a verdade dolorosa. Lembrei-me do dia em que saímos da sala de aula e fomos a pé até a sala de música. Percorremos o corredor em fila única, saímos do prédio e atravessamos o parquinho em direção à sala separada que eu normalmente amava, uma sala repleta de instrumentos, degraus para corais e cartazes enormes com sinfonias impressas em notas musicais, aparentemente tão complicadas quanto o código Morse. Naquele dia, porém, houve um probleminha. Eu molhara a calça e me sentia ansioso. Na sala de aula comum havia carteiras atrás das quais eu podia esconder a mancha na calça, mas na sala de música sentávamos num círculo aberto, onde todos os outros alunos podiam ver.

Enquanto formávamos a fila no corredor, meu coração batia rápido e forte, como se fosse uma bomba de sucção. Embora não estivesse frio do lado de fora, puxei o casaco até a braguilha enquanto atravessamos o saguão, o pátio externo e o parquinho em direção aos edifícios temporários que a escola havia transformado em sala de música. Quando entramos, o ambiente estava tão quente que todos tiraram os casacos e os empilharam junto à parede. Não tirei o meu. A professora ordenou que nos sentássemos, mas as cadeiras eram desconfortavelmente perto umas das outras. Ela dirigiu-se ao piano e começou a ensinar uma canção. Não cantei. Tive medo de que, se cantasse, o odor que eu exalava se espalhasse pela sala. No entanto, não demorou muito para que o garoto a meu lado pedisse para mudar de lugar, sem explicar por quê. Logo depois, havia uma cadeira vazia a meu lado e, em seguida, o garoto do outro lado também mudara de lugar. A sala ficou silenciosa, e alguns alunos começaram a tapar o nariz. Parte das crianças começou a rir, e as outras perguntaram qual era o motivo do riso. Expliquei em voz baixa que o odor vinha de meu casaco. Disse: "Um cachorro fez xixi no meu casaco". Um dos meninos perguntou por que eu não tirava o casaco. Mas eu não queria tirar.

A professora levantou-se e deu a volta por trás do piano. Penso que ela não sabia o que fazer. Disse o meu nome em voz baixa e me perguntou se eu queria sair da sala para conversar sobre o assunto. Respondi que o odor vinha de meu casaco, que um cachorro havia urinado em meu casaco. Ela repetiu meu nome delicadamente. Levantei-me, então, e disse à classe inteira que o odor vinha de meu casaco, que um cachorro havia urinado nele. Tirei o casaco e atirei-o na pilha junto à parede, mas me dei conta de que a turma toda poderia ver minha braguilha. Passei correndo pela porta, atravessei o pátio e escondi-me atrás de uma árvore. A professora saiu da sala, aproximou-se de mim, ajoelhou-se e conversou comigo, mas era tarde demais. Minha vida chegara ao fim, e eu tinha apenas 7 anos.

O evento aconteceu décadas atrás. Sei que, para algumas pessoas, essa história é quase engraçada. Talvez porque estivéssemos sentados em tapetes de ioga ou porque todos estivessem chorando, mas juro que chorei ali quando me lembrei do fato. Não fiz questão de saber se alguém viu ou ouviu. Simplesmente chorei.

O motivo de uma lembrança tão chocante quanto aquela ter ficado perdida por tanto tempo é um mistério. Eu sabia, de alguma forma, que ainda era aquela criança. Como Bill disse, eu era uma criança vestindo uma fantasia que encobria quem eu era, encobria minhas falhas, minhas imperfeições e minha condição humana.

Não sei por que me senti tão bem ao lembrar-me daquilo, mas me senti bem. E também me dei conta de outra coisa: ele era um bom garoto, um bom garoto mesmo. Eu sabia que ele havia mentido a respeito do cachorro e que era desajeitado, mas era um bom garoto. Ali mesmo em Onsite comecei a chorar, não porque havia molhado a calça na escola, mas porque entendi que, ao correr e me esconder, eu me juntara aos outros garotos e aprendera a acreditar que havia algo errado comigo. E não era verdade. Talvez eu fosse diferente, mas não havia nada de errado comigo. Não passava de um menino, um menino irritante, eu sei, mas era basicamente um bom menino.

Essa história me ajudou a entender por que eu comecei a representar desde o início. Assim que encontrava algo que pudesse esconder minha vergonha, apossava-me daquilo e o usava para me cobrir. De alguma forma, parecia que meu verdadeiro "eu" estava escondido atrás de um disfarce.

Levei anos para criar minha representação dramática mais recente, a de escritor, mas tive alguns bons motivos ao longo do caminho. Permaneci invisível durante o ensino fundamental e o ensino médio, tentando apenas sobreviver.

De vez em quando eu deparava com algum garoto provocador, mas quase sempre os evitava. Diria que foi minha primeira representação, a representação invisível. Não mostrava meu "eu" verdadeiro a ninguém e dominava a arte de passar despercebido.

Algumas pessoas conseguem aperfeiçoar o ato de desaparecer depois de adultas. Saí com uma garota uma vez, anos atrás, que desaparecia sempre que havia conflito. Em todos os momentos de tensão ela sumia, e quando a encontrava, por acaso, ou quando ia à casa dela para inteirar-me da situação, ela se mostrava entusiasmada e agia como se tudo estivesse bem. Finalmente, uma noite em que estava vulnerável, ela explicou que sempre que supostamente criava um problema, fechava aquela parte da mente e sentia uma paz interior, completamente desligada da realidade. Ela deixava todo mundo maluco por não poder resolver o conflito, mas, dentro do falso mundo de sua mente, tudo transcorria calmamente. Por mais incrível que pareça, eu a compreendia. Acho que ela fazia a mesma coisa que eu havia feito na escola. Passava por cima de si mesma para ficar invisível.

Minha representação dramática de invisibilidade funcionou muito bem durante anos. Mas, de repente, encontrei algo melhor.

Quando comecei a cursar o ensino médio, um pastor perguntou se eu gostaria de escrever um artigo para o boletim da igreja. Ao ouvir a pergunta, senti que finalmente alguém havia notado minha presença e imaginado o que se passava em meu mundo invisível. Não sei exatamente o que ele tinha em mente, mas foi o que senti.

Passei uma semana inteira trabalhando no artigo, naquelas quatrocentas palavras, não mais que alguns parágrafos, e entreguei-o ao pastor. Ele me ligou e disse que estava bom, que eu era um bom escritor e inteligente. Ainda me lembro de como me senti quando ele disse a palavra "inteligente". Eu parecia estar levemente embriagado, meio que desorientado. Uma química de prazer invadiu meu cérebro e, sem que eu soubesse, transformei-me no cão de Pavlov. Se eu era inteligente, significava que era importante, por isso eu queria ser inteligente.

Quando o artigo foi publicado, as pessoas me paravam no saguão para dizer que gostaram dele. Minha mãe contou-me que suas amigas telefonaram para dizer que também gostaram do artigo. E aquilo era tudo de que eu necessitava. Tinha uma fantasia e sentia-me poderoso quando a usava. Era inteligente, sabia escrever e por isso era importante. Foi então que, pela primeira vez, comecei a ler livros. E continuei a escrever. Depois de ouvir um palestrante citar um poema, fui para casa e comecei a memorizar poemas. Escrevi mais de mil poemas nos dois anos seguintes, e comecei a sonhar em escrever um livro.

Hoje, quando me perguntam por que me tornei escritor, tento responder com sinceridade. Sou escritor porque, desde tenra idade, me convenci de que era a única coisa que eu poderia fazer para ganhar o respeito das pessoas. É verdade que, ao longo do caminho, aprendi a amar palavras e ideias, e hoje em dia gosto muito de me perder no processo da escrita. Mas o primeiro combustível, a primeira motivação, foi a de tornar-me uma pessoa digna de ser amada.

Em Onsite, dividimo-nos em grupos para resolver alguns de nossos problemas. Estávamos trocando ideias sobre o falso "eu" quando nossa terapeuta disse algo que achei interessante: alguns animais, quando se sentem ameaçados, mostram-se maiores do que são. Ela disse que o mesmo se aplica às pessoas — em geral aparentam ser melhores do que são, a fim de atrair os outros e proteger-se de ameaças.

O que ela estava dizendo era verdade, mesmo para mim enquanto estive em Onsite.

A meu ver, a regra mais difícil em Onsite não tinha relação nenhuma com computadores ou celulares: era não poder contar aos colegas o que fazíamos para viver. Bill havia pedido que mantivéssemos nossas profissões em segredo. Se tivéssemos de falar sobre nossa vida profissional, mesmo durante a terapia, deveríamos dizer que éramos encanadores ou contadores.

Uma ideia genial, se você pensar sobre ela. Desde o início não tivemos permissão para usar uma fantasia. E, vamos encarar os fatos, a maioria de nós usa a profissão como uma fantasia. Minha identidade total — meu senso de valor distorcido — tem origem quase que exclusivamente no fato de eu escrever livros.

Foi uma tortura não contar aos colegas o que eu fazia. Só me dei conta de quanto usava minha profissão como muleta social depois que a muleta foi retirada. Pensava que meu trabalho era importante de mil maneiras diferentes. Dizia a todo momento: "Sou encanador e recebo muita pressão no trabalho". Fazia tudo, exceto piscar, quando dizia isso.

Eu devo ter sido uma pessoa intragável, que ninguém queria por perto. Mas no fundo, bem no fundo, eu queria tão desesperadamente falar de minha profissão porque tinha certeza de que os outros passariam a gostar de mim se soubessem. Tinha certeza de que me achariam importante. Aos poucos, no decorrer da semana, percebi que era refém de minha couraça, que sem minha fantasia eu me sentia vulnerável.

Perguntei a Bill se um dia poderíamos revelar o que fazíamos para viver. Ele respondeu que poderíamos no último dia, pouco antes de todos partirem. Disse que sabia que as pessoas revelariam sua profissão de qualquer forma, mas queria manter o grupo puro o mais tempo que pudesse. Falou também que se entristecia quando as pessoas finalmente revelavam sua profissão. E que a intensidade das amizades e dos relacionamentos aumentava a cada semana, mas quando as pessoas tomavam conhecimento de que algumas ganhavam muito dinheiro e outras não, ou de que algumas eram ligeiramente famosas e outras não, elas passavam a dividir o grupo em categorias. Curiosamente, ele disse, não eram os ricos que se separavam dos pobres, mas o oposto. Disse que as pessoas que imaginavam não ter realizado grandes feitos se sentiam inseguras ao lado das bem-sucedidas. Bill disse, também, que gostaria que vivêssemos num mundo onde as pessoas pudessem dizer tudo o que faziam. Que o mundo seria um lugar mais saudável se todos fossem proibidos de usar uma fantasia.

O fato curioso, no entanto, foi que comecei a desenvolver uma personalidade totalmente nova durante a semana de terapia. Meu desejo de ser aprovado também era intenso.

Uma noite, nosso pequeno grupo reuniu-se para alguns momentos de descontração. Naquela altura, já havia passado a gostar realmente do grupo e queria que eles também gostassem de mim. Eu era uma pessoa que se sentia especial e diferente das outras, mas ninguém do grupo me considerou melhor que qualquer um — o que era verdade, claro, mas quem tem o vício de chamar a atenção é sempre um viciado em chamar a atenção. Foi então que a sorte me agraciou. Certa noite, quando estávamos nos divertindo com um jogo de tabuleiro no salão, contei uma piada e todos começaram a rir. Riram como se eu fosse algum tipo de comediante. Senti aquele gostinho peculiar de quando sou elogiado. Eles me aprovaram. Destaquei-me no grupo. Eu era alguém especial.

Contei, então, outra piada, depois outra e mais outra em sequência. Surpreendi-me ao ver que poderia ser muito contundente, que poderia ser muito irreverente se conseguisse atrair o riso dos outros. O grupo todo ria às gargalhadas. Alguns começaram a insistir para que eu lhes revelasse se era comediante na vida real. E comecei a me perguntar se deixara esse talento de lado. Imaginei partir de Onsite e criar uma rotina, talvez até abandonar a vida de escritor para ser comediante *stand-up*. Falando sério, a aprovação foi inebriante.

Quer saber quem não me acha engraçado? Betsy. Pelo que me lembro, só consegui fazê-la rir cinco vezes, e Deus sabe quanto tenho tentado. A única maneira de fazer Betsy rir é depois que ela toma alguns drinques. Sou um sucesso quando ela está um pouco alta. Porém, na maioria das vezes, Betsy considera meu humor um mecanismo de defesa, uma fantasia que ela precisa aguentar para relacionar-se com um sujeito introvertido.

Certa vez, ouvi dizer que Will Ferrell não é engraçado para sua mulher e sua família. Quando fiquei sabendo disso, achei maravilhoso. Fiquei feliz por ele. Isso, porém, pode ser assustador. Lembro-me de uma vez em que Betsy e eu saímos com outro sujeito do qual ela gostava, e ela riu muito com as piadas dele. Tive a impressão de que ele estava espalhando minha trinca de ases. Todas as vezes que ela ria, sentia-me como se eu estivesse encolhendo. E ele era aquele tipo sonhador pateta, que tinha a fantasia de ser treinador de futebol ou algo parecido. Ele era ridículo e eu era mais engraçado, mas ele a fez rir quatro vezes, antes mesmo de pedirmos o jantar. Aquilo estava me matando.

Porém, quando voltamos ao carro, no fim daquela noite, ela encostou a cabeça em meu ombro e segurou meu braço. Entendi, então, que ela gostava muito daquele sujeito — mas me amava. No caminho de volta para casa ela segurou minha mão, deixando claro que havia uma união estreita entre nós, que todos aqueles momentos agradáveis da noite, até o sujeito engraçado, só tinham sido importantes porque ela os compartilhou comigo. E, pela primeira vez, fiquei feliz por não ter sido o dono do palco. Naquela noite, outra pessoa teve de voltar aos bastidores e preocupar-se com sua performance. Eu voltei para casa com a garota.

Comecei a imaginar como seria a vida se eu parasse de representar e começasse a confiar que, para conquistar o amor de que tanto necessitava, bastaria ser eu mesmo.

5
Três lições que aprendi sobre relacionamentos enquanto nadava num lago

De volta a Asheville, Betsy e eu tivemos um fim de semana excelente. Aluguei um carro conversível na cidade, visitamos a mansão Biltmore e passamos um tempo na livraria Malaprop. Fizemos uma refeição em Curate, um restaurante novo, onde ensinamos o *barman* a preparar uma bebida com uísque, vermute e casca de laranja. Ele gostou muito e disse que a transformaria num coquetel de outono. Se você visitar Curate, pergunte por Don e Betsy.

Passamos o resto do tempo deitados na beira do lago, lemos o livro *Bread & Wine* [Pão e vinho], escrito por nossa amiga Shauna Niequist, e imaginamos como seria se um dia fôssemos proprietários de uma pousada, onde prepararíamos todas as receitas do livro de Shauna. Shauna faz tudo parecer fácil, inclusive casamento, família e massas.

Estaria mentindo se dissesse que nosso fim de semana nas montanhas não foi difícil. Eu morava em Washington, DC, onde podia voltar a meu apartamento depois de nossos encontros e ver televisão trajando apenas um calção. Em Asheville, Betsy e eu não nos separávamos nunca. O que me deixava mais desconfortável eram aqueles silêncios constrangedores. Betsy diz que não eram constrangedores para ela, mas para mim eram. Quando há alguns instantes de silêncio na conversa, parece que tenho a responsabilidade de quebrá-lo. Faz parte do meu trabalho, sabe como é. Estou sempre lembrando a mim mesmo que a única maneira de Betsy e eu vivermos bem é eu aprender a confiar nela durante aqueles silêncios, aprender a confiar que ela se casaria comigo não para se divertir, mas para trocar amor — aquele amor longo e entediante que acontece quando um casal saboreia o cereal em silêncio enquanto ambos leem o jornal.

Depois de deixar Betsy no aeroporto, parei na Krispy Kreme para comprar um *donut*. Quando estou nervoso, preciso ingerir açúcar. Não sei explicar o motivo do nervosismo, a não ser pelo medo de estar prestes a assumir o compromisso de ter uma vida inteira de silêncios constrangedores.

O lado negativo de ser escritor é que temos muito tempo para pensar na vida. Gosto do que Viktor Frankl escreveu. Ele diz que não fomos criados para passar muito tempo pensando em nós mesmos, que vivemos melhor quando nos distraímos com uma causa nobre. Mas o que fazer quando a causa nobre é uma lembrança? Sentamos e pensamos demais em nós mesmos.

A única distração positiva que eu tinha em Asheville era o lago. Nadava todos os dias, deixando que a água me distraísse e levasse embora meus pensamentos.

Primeira lição:
Para conhecer meu íntimo tive de saltar

Certa tarde, eu estava no cais quando aconteceu algo que me foi útil. Do cais é possível avistar as montanhas refletidas no lago e a paisagem é magnífica. A água acumula-se num imenso tanque redondo formado de árvores e pedras que se esvazia no lago bem ao longe. Não há casas visíveis numa extensão de quilômetros. No lugar ouve-se um eco, e esse eco confundiu tanto minha cadela, Lucy, que ela passou quase a manhã inteira numa longa conversa consigo mesma em forma de latido. O lago é profundo, com mais de sete metros no meio, e a mata reflete-se na superfície de modo tão vívido que temos a sensação de poder andar sobre a água, como se fosse a superfície de uma pintura.

Na noite em que Betsy partiu estava quente, e eu queria nadar um pouco. Mas, enquanto caminhava em direção à extremidade do embarcadouro, senti medo. Queria saltar e, ao mesmo tempo, não queria. Já sentira isso antes, quando nadei com Betsy na tarde em que ela chegou, mas naquela ocasião eu não dera atenção ao fato; mergulhei do embarcadouro só para impressioná-la. Dessa vez, porém, analisei o sentimento. Lembrei-me do medo que sentia todos os anos quando visitava a casa de campo de Bob. Há um penhasco de mais de sete metros bem na frente da casa dele, e todas as vezes que o visito forço-me a saltar, passando pela parede de pedra até cair na água. Nunca quero fazer isso, mas sinto uma espécie de obrigação. Esse é meu teste anual.

Saltar de um penhasco é uma coisa, mas sentir o mesmo medo de saltar da extremidade do embarcadouro foi algo que me deixou confuso. O embarcadouro ficava a mais ou menos um metro da superfície do lago, e a água não estava fria. Nadara durante uma hora no dia anterior, então por que não queria saltar? Por que estava sentindo o mesmo medo que sentia na casa de Bob quando olhava para uma distância dez vezes maior da superfície da água? Descobri, então, a resposta. Não estava com medo nem de saltar, nem de nadar, nem de sentir o choque da água fria. Estava com medo da mudança. No embarcadouro, não sentia frio, estava com o corpo seco e no controle. Sabia que, assim que saltasse, eu me sentiria bem e teria a sensação agradável de nadar no lago. Mas, ainda assim, haveria uma mudança. Pensei em Betsy, na possibilidade de aterrissar em DC. Sabia que meu coração se alegraria mais por estar com ela. Sabia que ela me levaria a lugares mais agradáveis, mais divertidos e mais interessantes, lugares onde eu nunca havia estado. Pensei também na sensação de contentamento e conforto por ser solteiro, por ter controle sobre minha vida, por poder sair e receber aplausos a qualquer hora que desejasse e depois voltar de mansinho aos bastidores de minha vida, comer biscoitos recheados e aguardar a próxima exibição.

Saltei do embarcadouro. A água era fria na superfície e tornou-se mais fria enquanto meu corpo afundava. Senti toda a energia do lago penetrando meus músculos e, quando minha cabeça despontou na superfície, a sensação foi a de um amanhecer pessoal, como se o dia estivesse começando. Respirei o ar das montanhas e das árvores e ouvi o eco de meu mergulho ressoando nas colinas. E o vento no imenso tanque redondo provocou som de aplausos vindos dos galhos das árvores. Senti-me melhor na água que no embarcadouro. Pensei, então, em meu medo de enfrentar mudanças, mesmo que fosse para melhor. Pensei nas muitas mentiras que existem por trás do medo. Nas muitas trapaças. Além do medo, o que mais nos impede de viver uma história melhor?

Dias depois, naquela mesma semana, Bob pediu-me que me comunicasse por Skype com sua classe na Faculdade de Direito de Pepperdine. A classe ia estudar meticulosamente um plano de vida que eu criara. Atendi a seu pedido ali mesmo no embarcadouro, tendo as montanhas e o chalé como pano de fundo no vídeo. Mas não mencionei nada a respeito do lago. Todos imaginavam que eu estivesse lecionando sentado numa cadeira no gramado da frente. Depois de transmitir alguns ensinamentos, contei a eles a lição mais recente que aprendera: que, para conhecer o verdadeiro significado da vida, tive de enfrentar o medo de mergulhar — não nos relacionamentos, mas na vida, na carreira profissional, no descanso e no lazer. Em seguida, totalmente vestido, coloquei o computador na beira do embarcadouro e saltei do trampolim no lago. A classe adorou. Não sei ao certo o que isso tem a ver com aulas de Direito, mas de que adianta estudar Direito se não amamos nossa vida?

Segunda lição:
Nadar um pouco é nadar o suficiente

Um dos motivos pelos quais aluguei um chalé à beira de um lago foi para que pudesse exercitar-me um pouco. Queria estar em melhor forma antes de me casar. O lago é grande o suficiente para um atleta olímpico, se ele estiver disposto a nadar numa área circular. É verdade que Betsy gosta de mim como sou, mas preciso perder alguns quilos e imaginei que, se no início nadasse uma hora ou duas por dia, seria suficiente. No primeiro dia que nadei, estava terrivelmente fora de forma. Só consegui nadar firme durante mais ou menos dez minutos, e então tive de sair da água para descansar. Depois de cerca de três sequências de dez minutos, estava exausto. Humilhado, com certeza. Pouco tempo antes, eu conseguia executar todas as práticas de natação, mas estaria mentindo se dissesse que gostava da rotina. Você há de pensar que eu ficava entusiasmado por estar em forma, mas não. Não gosto de exercícios físicos, não porque sejam dolorosos ou cansativos. Já escalei montanhas no Peru e atravessei os Estados Unidos de bicicleta. Faço isso com disposição. Não gosto de exercícios físicos porque em algum lugar, no recôndito de meu cérebro, me convenci de que, por mais que nos esforcemos, não é suficiente. Nunca saio de uma sessão de exercícios físicos satisfeito ou orgulhoso de mim. Também nunca saio de uma sessão de escrita pensando que me esforcei o suficiente. Nem depois de dar uma aula ou de uma reunião de negócios. Sou tão maníaco quanto a isso que, depois de cortar a grama de meu jardim, eu rastejava sobre o terreno com uma tesoura, aparando as pontas que ficaram desiguais. Não é brincadeira, eu provavelmente tinha um problema.

Na verdade, há somente duas coisas que uma pessoa pode fazer quando ela é perfeccionista a esse ponto: viver se torturando e se esforçando ao máximo para fazer tudo com perfeição ou desistir. Tenho a tendência de viver entre a tortura de me esforçar demais e a preguiça de desistir.

O motivo de estar levantando esse assunto não tem relação nenhuma com exercícios físicos ou com escrita. Levantei o assunto porque se trata do sintoma de um problema maior, que afetará a mim e ao meu relacionamento com Betsy. O problema é o seguinte: as pessoas que nunca estão satisfeitas com suas realizações acreditam secretamente que só serão amadas se forem perfeitas. No círculo externo do qual Bill estava falando, o círculo que encobre a vergonha, escrevemos a palavra perfeito e tentamos usar a perfeição para encobrir nossa vergonha. Tive uma amiga que resmungava palavrões todas as vezes que passava pela casa do professor de álgebra no ensino médio porque, anos antes, o professor lhe dera uma nota 7.

Penso que isso esteja ligado ao gene dos atores. As raízes dessas mentiras que contamos a nós mesmos tendem a crescer juntas. Tudo está ligado à crença humana de que o amor é condicional. Mas o amor humano não é condicional. Nenhum amor é condicional. Se o amor fosse condicional, seria apenas uma espécie de manipulação disfarçada de amor.

A outra discussão que tive com Betsy foi estranha, com toda certeza. Ela disse que me amava e, em vez de dizer "Obrigado" ou "Eu a amo também", fiz uma piada autodepreciativa. Confusa, ela olhou para mim e deu outra lambida no sorvete. Ofendi-me por ela não ter rido e repeti a piada só para contrariá-la.

— Não achei graça — ela disse.

— É engraçada — eu disse.

— Não, Don — ela disse sem hesitar. — Quando digo que o amo e você não acredita em mim, está agindo como um idiota. No fundo, está dizendo que meu amor é condicional. Você pensa que está se autodepreciando e se acha engraçado, mas o que está realmente dizendo é que não tenho condições de amá-lo se você tiver alguns defeitos. Isso é desgastante.

Pensei que ela estivesse se referindo ao momento em que me culpei por não ter me esforçado o suficiente para nadar. Se quisesse fazer Betsy feliz, eu teria de confiar que meus defeitos eram os meios pelos quais seria merecedor da graça. Não pensamos em nossos defeitos como se fossem a cola que nos une às pessoas que amamos, mas eles são. A graça simplesmente se fixa às nossas imperfeições. Quem não é capaz de aceitar suas imperfeições também não é capaz de aceitar a graça.

Voltei ao lago no dia seguinte. Mergulhei e nadei em círculo por cerca de vinte minutos. Cada músculo de meu corpo ardia. Parei logo e sentei-me na beira do embarcadouro para recuperar o fôlego. Ouvi as vozes, o sentimento profundo de insatisfação, vindo à tona. Dessa vez, porém, deixei passar. Betsy não precisava que eu fosse complacente nem perfeccionista. Aqueles dois polos eram zonas mortas. Assim, em vez de parabenizar-me por ter ido ao embarcadouro para nadar, disse a verdade a mim mesmo, que, se tivesse me exercitado um pouco por dia durante um ano, estaria em boa forma física. Perguntei-me se queria continuar a exercitar-me. Não queria, mas nadei no lago e atirei uma bola de tênis para Lucy. Ensinei-a a saltar do embarcadouro e a pegar a bola no ar enquanto ela mergulhava na água. E senti-me descontraído pela primeira vez desde que cheguei ao chalé. Imaginei que Betsy seria mais feliz se casasse com um homem descontraído do que com um homem que pensasse o tempo todo que não estava se esforçando o suficiente.

Terceira lição:
Há mais salva-vidas que tubarões

A última lição que aprendi sobre relacionamentos ao nadar no lago foi a de que há mais salva-vidas que tubarões. Quero dizer que, de modo geral, as outras pessoas não estão procurando nos prejudicar.

Não nasci com esse medo de aproximar-me dos outros. Quando era mais jovem, até no ensino médio, eu me aproximava das pessoas. Na verdade, alguns de meus relacionamentos mais íntimos ocorreram antes de eu completar 25 anos. Desde então, nem sempre foram bem-sucedidos. Não sei exatamente como aconteceu, mas penso que, em parte, foi porque me envolvi com pessoas que não eram merecedoras de minha confiança. Não tenho histórias horríveis para contar ou coisa parecida, apenas alguns negócios mal feitos, um ou outro relacionamento do tipo "toma lá dá cá", e o ocasional Twitter inoportuno. A certa altura, parei de confiar nas pessoas. Comecei a acreditar que todos consideravam a vida uma competição, uma versão sutil da série *Jogos vorazes*. E, até certo ponto, aceitei a mentira. Se precisasse de alguém para alguma coisa, eu me aproximaria, mas não muito, sempre deixando o paraquedas pronto para eu saltar.

Percebi que se tratava de um problema que eu deveria ter enfrentado antes de partir de DC. Estava almoçando com meu amigo John Cotton Richmond. John é promotor público da área de tráfico de seres humanos e direitos civis do Departamento de Justiça dos Estados Unidos. Ele é a principal figura no país a prender quadrilhas que escravizam crianças e refugiados e os vendem em operações de tráfico sexual. John é também um dos melhores maridos e pais que conheço. Parece um super-herói da vida real, levando a julgamento os criminosos mais perversos do mundo durante o dia e jogando bola com os filhos à noite. E a mulher dele o adora. Tenho a esperança de que ele seja um dos meus mentores durante a próxima estação da vida.

Uma tarde, enquanto saboreávamos um churrasco em Hill Country, perto de seu escritório, contei-lhe que havia feito uma espécie de descoberta: que Betsy talvez não quisesse me prejudicar. Falei com expressão de seriedade no rosto, mas John começou a rir. Quase engasgou com sua limonada.

— Don, espero mesmo que ela não queira prejudicá-lo. Ela vai ser sua mulher!

Percebi o absurdo que acabara de dizer. Não queria fazer uma acusação. Queria apenas dizer que havia feito a descoberta de que talvez as pessoas não fossem tão más quanto imaginávamos. E Betsy era provavelmente a pessoa que estava me convencendo de que isso era verdade. Esclareci a John que, no passado, achei que uma mulher tentaria me controlar, tentaria me usar de alguma forma. Mas agora não pensava mais assim, pelo menos não de todas as pessoas. John riu novamente. Olhou para baixo e sacudiu a cabeça, rindo ainda.

— Que bom que você descobriu isso, Don — ele disse.

— Concordo com você.

Fez uma pausa para pensar e prosseguiu:

— É uma pergunta complicada, entende? O coração do homem. Tenho levado muitas pessoas más a julgamento. — Olhou para mim com ar de tristeza. — Estou falando de estupradores e assassinos. Líderes dos circuitos de tráfico sexual infantil. Dessas coisas todas. E você quer saber o que todos têm em comum, Don?

— O quê? — perguntei.

— Todos acham que as pessoas querem prejudicá-los. Isso me faz pensar se a desconfiança não traz à tona o que há de pior em nós. Sei que é um assunto complicado, porque quase todo mundo que ponho na prisão foi tragicamente violentado ou maltratado e, portanto, é natural que não confiem nos outros e vejam a vida como um drama: matar ou ser morto. Isso me faz pensar também naqueles que, como nós, lidam com o mesmo tipo de problema em menor escala. E consulto meu coração: será que estou disposto a ser ofendido de vez em quando e oferecer a outra face, a fim de manter um relacionamento feliz?

John olhou-me nos olhos e disse:

— Acho que você está querendo fazer alguma coisa, e isso é bom. Acho que vale a pena confiar em Betsy e receber a recompensa da intimidade da vida a dois.

Desde a conversa com John, naquela tarde, tenho notado algo interessante. As pessoas mais ríspidas que conheci ao longo dos anos têm duas coisas em comum: não confiam plenamente em ninguém e consideram os relacionamentos como um meio para chegar a um fim.

Alguns anos atrás, li um artigo sobre a divisão de vendas a varejo da Apple Computers e sobre como administram o serviço de atendimento ao cliente. Eles querem que sua equipe confie na "intenção positiva" de seus clientes. Portanto, quando um cliente apresenta uma reclamação, eles não querem que a equipe conclua que o cliente está tentando lesar a empresa ou conseguir algo grátis. Eles sabem que a perda ocasional será compensada pelo elo que criaram com o cliente por ter confiado nele.

Confiar em pessoas é um processo lento e natural, eu sei. Mas já é gratificante. Tenho notado que, quanto mais confio em Betsy, mais dócil meu espírito se torna. A confiança que tenho nela está me transformando.

Antes de Betsy deixar o chalé, deitamo-nos no embarcadouro, vendo as nuvens e mergulhados num daqueles silêncios estranhos que ainda são difíceis para mim. Imaginando que tivéssemos de conversar para voltar a nos conectar, perguntei-lhe se preferia nadar numa piscina, num lago ou no mar. Betsy sentou-se com os pés pendurados no embarcadouro e disse que preferia nadar no mar. Na infância, viajava à Flórida com os primos e eles passavam o dia inteiro brincando nas ondas, espetando água-viva com gravetos e comendo sanduíches de manteiga de amendoim com geleia e um pouco de areia dentro. Ela e os primos deitavam-se na cama à noite e riam o tempo todo porque podiam sentir o corpo levantando e baixando, como se ainda estivessem nas ondas do mar. Aqueles foram alguns dos dias mais espetaculares de sua vida.

Ela me perguntou se eu preferia nadar numa piscina, num lago ou no mar. Respondi que preferia nadar num lago. "Por quê?", ela perguntou. Respondi que no lago não temos de nos desvencilhar de águas-vivas, algas marinhas, tubarões e coisas parecidas. Depois de pensar por uns momentos, Betsy lembrou-me de que tentar desvencilhar-se de uma água-viva fazia parte da aventura.

— De vez em quando, vale a pena ficar com a pele ardendo por causa de uma água-viva — ela disse. — Por causa dessa ardência ocasional, a gente vai dormir sentindo as ondas e começa a rir com os primos.

Duvido que ela tenha percebido, mas estava falando de algo que ia muito além do mar. Estava falando do significado de arriscar-se por amor. Do significado de mergulhar no desconhecido, onde havia muitos perigos verdadeiros, porém muito mais recompensas.

6
A ansiedade por representar na vida real

Conforme eu disse, aluguei o chalé para poder terminar um livro. Poderia ter conseguido terminá-lo quando voltasse a DC, mas não tinha certeza. E sabia que tinha de terminar o livro; ou, para ser mais sincero, a ferida aberta dentro de mim sabia que eu tinha de terminar o livro. Explico.

Depois que Betsy partiu de Asheville, comecei a sentir-me solitário, mas também um pouco estressado. O livro não estava saindo como eu queria, e eu mantinha os olhos grudados no calendário, sabendo que meu prazo estava se esgotando. Se não conseguisse terminar o livro nas próximas quatro semanas, era quase certo que perderia o fio da meada, porque me comprometera com uma temporada de palestras. Havia aceitado dar algumas aulas para pagar o jantar do ensaio do casamento e a lua de mel.

Esse tipo de pressão não me faz bem. Escrevo melhor quando estou descontraído, quando estou sentado diante do leitor batendo um papo com ele. Forçar as palavras não funciona. Pelo menos para mim.

Aconteceu que, na tarde em que estava me sentindo pressionado, Ben Rector lançou um novo álbum. Ben é meu cantor preferido, e também de Betsy. Somos fãs ardorosos dele.

Enfim, fiz um *download* do álbum de Ben e estava ouvindo as músicas na varanda quando uma canção inédita me chamou a atenção. Chamava-se "Making Money" ["Ganhando dinheiro"]. Parecia uma canção do velho Billy Joel, como se ele tivesse se sentado ao piano e, tarde da noite, escrito uma página em seu diário. Ben ganhara fama recentemente e a vida estava mudando. Perguntava a si mesmo se alguns aspectos da nova vida valiam a pena.

Ganhar dinheiro não é fácil,
E com certeza não o deixará feliz.
Por isso é engraçado
Ver tanta gente preocupada em ganhar dinheiro.
E o dinheiro não impede que as pessoas sofram
E não vai impedir que o amor vá embora.
Portanto aqui estão meus dois centavos:
De que adianta ganhar dinheiro?*

Não sei se foi porque tomei um uísque, se foi por causa da chuva incomum vindo das montanhas ou se foi porque estava com muitas saudades de Betsy, mas aquela canção atingiu-me em cheio. Continuei sentado no mesmo lugar, entendendo perfeitamente por que estava tão distante da mulher que amava. Estava muito distante de Betsy porque

---

* Faça o *download* de "Making Money", de Ben Rector, e de uma trilha sonora especial e gratuita de *A difícil arte de ser você mesmo* em: scaryclose.com.

acreditava secretamente que, se não terminasse o livro e adquirisse um pouco de fama, ou se não ganhasse dinheiro, ou se outra pessoa não me considerasse um sucesso, ela não teria motivo para me amar.

Sabia que isso não era verdade, mas nosso corpo desdenha do que nossa mente sabe. O estresse, a sensação de urgência, a preocupação à noite para saber se o livro ficaria pronto tinham de ter vindo de algum lugar, e o lugar de onde isso tudo vinha era esse lugar de extrema preocupação porque, se eu não causasse boa impressão, não seria amado.

A verdade, porém, é esta: Betsy não se preocupa com dinheiro, e o fato de eu ser um autor conhecido era uma barreira imensa que eu tinha de superar para namorá-la. Na opinião dela, eu estava empavonado, o que em parte era verdade, creio eu.

De qualquer modo, se eu passar o resto de nosso casamento acreditando que ela só me amará se eu for bem-sucedido, nosso casamento será um fracasso. Deus me mostrará que sou um ser humano imperfeito o mais rápido possível e gostará disso, pois me forçará a lutar com a verdadeira intimidade.

Penso que, em alguma fase da vida, muitos de nós aceitamos a mentira de que só seremos importantes se... Só seremos importantes se formos fortes, inteligentes, atraentes ou coisa do gênero.

Isso me faz pensar se não é por esse motivo que tenho lutado com um tipo de ansiedade por representar. Não estou falando da ansiedade que sentimos antes de uma palestra, por exemplo. Refiro-me ao fato de que prefiro ficar sozinho com um amigo próximo a ter de enfrentar uma conversa fiada numa festa. É exaustivo para mim e sinto que estou representando um papel numa peça sobre a vida todas as vezes que tenho de fazer isso.

Sou capaz de rastrear minha necessidade de representar e impressionar outros em algumas de minhas lembranças mais remotas. Meu pai saiu de casa assim que eu estava tentando ser gente — e minha mãe, minha irmã e eu nos sentimos abandonados e desprezados. De certa forma, por ser o único homem da família, achei que tinha de ser uma pessoa um pouco mais importante e melhor do que era. Aquilo era tolice, claro, mas as crianças não processam objetivamente a realidade.

Foi, portanto, durante essa época que desenvolvi um desejo estranho de convencer as pessoas de que era inteligente. Não sei por que razão, tornou-se importante provar para minha mãe e irmã, e também para os amigos da família, que eu era inteligente e sabia conduzir as coisas.

Havia um problema: eu não era tão inteligente assim. Detestava a escola, não me interessava por livros e nunca fiz os deveres de casa.

Lembro-me de ter visto um garoto aparecer no programa *60 Minutes*, um garoto autista capaz de tocar qualquer sinfonia no piano depois de ouvi-la uma vez. Senti uma inveja tremenda do garoto. Depois de várias tentativas barulhentas e fracassadas no piano da igreja, entendi que teria de encontrar outro caminho.

De vez em quando alguém me fazia uma pergunta e, em vez de respondê-la imediatamente, eu revirava os olhos como se estivesse tentando encontrar uma informação qualquer armazenada na memória fotográfica.

— Que tipo de sanduíche você quer? — era a pergunta. Eu arregalava os olhos tentando convencer a babá de que tinha a mente de um sábio.

— Manteiga de amendoim com geleia — eu respondia depois de revirar os olhos até voltarem ao normal.

Ela olhava para mim como se estivéssemos vivendo um momento muito intenso, um momento que eu mal entendia. Mais de uma vez a babá pensou que eu estivesse possuído por um demônio.

Certa vez, na manhã do dia da festa de aniversário de minha irmã, enquanto arrumava meu quarto, encontrei um antigo gravador no fundo do armário. Antes de alguém aparecer na festa, peguei uma chave de fenda na gaveta de bugigangas e desmontei o gravador, espalhando as peças em cima da cama. Eu não sabia o nome de nenhuma das peças nem como montar um gravador, mas deixei-as espalhadas como se entendesse do assunto. Quando as belas amiguinhas de minha irmã chegaram, fingi estar montando as peças. Peguei uma peça e elas perguntaram o que era. Usando a chave de fenda, fingi que elas estavam me perturbando e disse que não entenderiam, que o assunto tinha a ver com eletrônica. Elas encolheram os ombros e saíram empertigadas do quarto, balançando os cabelos brilhantes que consegui ver pelo canto do olho.

Essa é mais uma lembrança remota de projetar uma identidade falsa. Suponho que venho fazendo isso desde então, só que consegui aprimorar minhas tentativas. No momento, vou passar semanas num chalé, escrevendo e reescrevendo capítulos, a fim de que pareçam não ter exigido nenhum esforço.

Em parte, esse é o trabalho do escritor, mas a realidade é que toda a escrita é uma forma sutil de manipulação, nem sempre intencional, porém quase sempre com dois propósitos: 1) transmitir uma ideia e 2) fazer o escritor parecer inteligente.

Aprendi muito sobre a origem de meu desejo de representar quando continuei as sessões com uma terapeuta depois de partir de Onsite. Bill disse que seria importante continuar a trabalhar nas ideias que descobrimos, e foi o que fiz.

Ela era uma mulher encantadora, recomendada por um amigo. Tinha idade suficiente para estar aposentada, mas amava as pessoas e amava sua profissão. Aceitava apenas uma pequena quantidade de clientes, para que pudesse fazer cruzeiros várias vezes ao ano com o marido. Em todas as sessões, forçava-se a parar de falar sobre o próximo cruzeiro que estavam planejando. Já haviam estado nas Ilhas Turcas e Caicos, nas Bermudas, no Alasca — e três vezes no Havaí. Na segunda sessão, chegou até a trazer-me um folheto. Disse que eu seria a pessoa mais nova no barco em cerca de trinta anos, mas a ideia pareceu-me excelente. E, honestamente, aquilo me tocou muito. Uma semana no mar diante de uma mesa de jogos, e poder dormir às 9h30min seria uma vida encantadora. Principalmente pela descrição daquela mulher. Ela e o marido haviam cumprido sua missão, tanto em termos físicos quanto emocionais, e parecia que finalmente haviam despertado para o fato de que fomos criados para desfrutar a vida, e não para sermos engolidos por ela.

Enfim, quando chegamos de fato à parte do aconselhamento, ela ajudou-me a fazer uma descoberta. Colocou uma folha grande de papel manilha na parede e desenhou uma pessoa com cabeça grande e corpo grande. Depois, desenhou uma pessoa maior ainda ao redor da primeira. Disse que aqueles dois desenhos representavam meu "eu" interior e exterior. A seguir, pediu-me que escrevesse alguns adjetivos dentro de cada desenho. Dentro do menor escrevi "gentil", "calmo", "instruído", "responsável", "sábio", e assim por diante. Surpreendi-me com todas essas palavras porque eram muito positivas, sinal de que meu "eu" interior ia muito bem. E no desenho maior escrevi "exibido", "desesperado", "ansioso", "engraçado", "charmoso", "cansado" — palavras que também me surpreenderam, sinal de que meu "eu" exterior estava muito estressado. Não é de admirar que eu me sentisse mais confortável sozinho que na companhia de outras pessoas.

Sentei-me e analisamos o desenho juntos. Aparentemente, ela percebeu exatamente o que estávamos vendo e disse:

— Vê como isto é interessante?

Respondi que não sabia o que aquilo significava.

Ela levantou-se e pegou duas cadeiras, colocando-as uma de frente para a outra. Disse que uma cadeira representava quem eu era internamente e que a outra representava quem eu era externamente. Pediu-me que sentasse na cadeira que representava meu "eu" interior e perguntou como eu me sentia. Respondi que me sentia muito bem, que estava calmo e em paz. Ela perguntou qual era minha idade, não a idade verdadeira, mas a idade que eu sentia sentado na cadeira que simbolizava minha vida interior. Pensei por alguns instantes e disse que me sentia com 35 anos, maduro o suficiente para entender a vida, porém jovem o suficiente para continuar a construir algo no qual eu poderia trabalhar durante décadas.

— Ótimo — ela disse. — Fascinante.

Em seguida, pediu que eu me sentasse na cadeira que representava meu "eu" exterior. Levantei-me e sentei na outra cadeira. Notei imediatamente que estava um pouco ansioso, confuso e pressionado, e contei isso a ela. Ela disse:

— Don, quantos anos você tem nesta cadeira?

— Tenho 9 — respondi. — Tenho 9 anos.

Ela continuou sentada e me deixou pensar por um momento. Sei que isso parece estranho e idiota, mas numa cadeira eu me senti um adulto competente e na outra me senti um menino assustado.

— Don — ela disse —, você percebe que está atribuindo a um menino de 9 anos a tarefa de realizar toda a sua representação dramática?

As palavras da terapeuta fizeram completo sentido para mim. Desde criança, desde que comecei a convencer-me erroneamente de que precisava ser mais importante e mais inteligente do que era na verdade, eu tentava representar, tentava convencer as pessoas de que era mais capaz do que era na verdade. Atribuí ao mesmo menino de 9 anos que desmontou o gravador a tarefa de representar e interagir com as pessoas.

A terapeuta pediu-me que voltasse a sentar na cadeira de adulto e dissesse ao menino de 9 anos o que eu pensava dele. Não sabia o que dizer. Ela pediu que eu imaginasse como ele era, e imediatamente visualizei o garoto gorducho do filme *Os Goonies*. Sorri. Gostei do garoto. Era engraçado e transmitia confiança, apesar de ter apenas 9 anos. Parecia solitário e com medo, e o único meio de chamar a atenção dos outros era convencer todos a seu redor de que era mais inteligente e mais forte do que realmente era. A terapeuta pediu novamente que eu dissesse algumas palavras a ele. Olhei para ele e ele olhou para mim, com os olhos arregalados e curiosos. Finalmente, disse que gostava dele. Disse que o achava engraçado, charmoso e inteligente.

— Algo mais? — a terapeuta perguntou.

— Sim — respondi. — Quero dizer também que lamento muito. Lamento muito ter atirado você no mundo para que pudesse impressionar as pessoas para nós, lutar por nós e ganhar dinheiro para nós enquanto eu permanecia aqui e lia livros.

O momento foi muito forte para mim. Eu me desligara completamente do menino que havia desmontado o gravador. Mal o conhecia. Não o conduzira à maturidade e ele havia passado os últimos trinta anos sozinho e desesperado para chamar a atenção das pessoas. Não é de admirar que eu me escondesse do mundo; não é de admirar que a crítica fazia de mim uma pessoa zangada ou que eu reagia de modo exagerado ao fracasso. Penso que a parte de mim que eu havia enviado para interagir com o mundo era, de várias formas, subdesenvolvida, tentando ainda ser mais importante e mais inteligente para conseguir sobreviver.

Adoro o filme italiano *Habemus Papam*, de Nanni Moretti. Trata-se de um filme de pouca ação, rodado dentro do Vaticano. No início da história, o Colégio de Cardeais reúne--se para escolher o novo papa após o falecimento de seu atual líder. Mesmo depois de vários escrutínios, os cardeais não chegam a um acordo. Finalmente, um cardeal chamado Melville é escolhido e, num movimento rápido de cena, ele aceita a responsabilidade, demonstrando timidez e quase relutância.

Sobrecarregado com sentimentos de despreparo, ele não aceita aparecer na sacada para ser anunciado formalmente como o novo papa. A multidão de mais de cem mil pessoas na Praça de São Pedro é informada de que o anúncio será feito no dia seguinte. Mas o novo papa recusa-se a sair de seu apartamento. Ele está paralisado pelo medo.

No decorrer da história, os cardeais vestem o papa com roupas comuns e retiram-no às escondidas do Vaticano para consultar uma psicanalista, uma mulher que não sabe quem ele é nem que responsabilidade lhe foi atribuída.

A cena é sutil, porém espetacular. A psicanalista é convidada a ajudar o homem, mas o papa Melville é instruído a não revelar sua verdadeira identidade nem suas circunstâncias verdadeiras. Ela pergunta o que o homem faz da vida. Melville permanece em silêncio até encontrar um meio de explicar o que faz sem revelar quem é. Responde, então, a ela: "Sou ator". Sua resposta revela tudo, que sua profissão é representar confidencialmente um papel que pode estar ou não relacionado a quem ele realmente é como pessoa.

Não tenho palavras para dizer quanto me identifico com aquela resposta. Sou ator. Represento um papel.

Melville consegue fugir do consultório da psicanalista e dos guardas do Vaticano e começa a andar pelas ruas de Roma. Perplexo, entra numa feira livre e começa a refletir sobre a complexidade do mundo que em breve teria a responsabilidade de servir. Na tentativa de fugir da realidade assustadora, assiste a uma peça de teatro; porém, é encontrado. Os guardas do Vaticano entram no teatro onde ele está escondido, interrompem a encenação e retiram o cardeal do meio da plateia para levá-lo de volta ao Vaticano. Sob muita pressão, os cardeais preparam o novo papa para a cerimônia de proclamação. Vestem-no com roupa apropriada e revisam o texto que ele lerá na sacada. A mão dele treme. Os outros cardeais estão rezando. Ele não quer ir. De repente, vemos a paz descer sobre ele. Ele recebeu uma revelação. A multidão na Praça de São Pedro é um mar de fiéis cheios de esperança. O novo papa aparece na sacada e a multidão irrompe em aplausos. É Melville. Ele permanece em silêncio por alguns instantes, tentando captar a cena, pega suas anotações, inclina-se na direção do microfone e recusa a missão de ser papa. Diz que os cardeais escolheram o líder errado.

Os outros cardeais respiram ofegantes, constrangidos diante da recusa, mas o cardeal Melville respira tranquilo. Sua conclusão pessoal está implícita: ele não quer ser ator nem acha necessário representar para servir a Deus.

Nanni Moretti foi severamente criticado na Itália por ter feito o filme. Alguns o consideraram uma crítica ao pontificado. Eu, porém, não entendi dessa maneira. Para mim, trata-se de uma história humana sobre o preço de a pessoa ser ela própria e também sobre a recompensa disso. Ser autêntico demanda o custo do medo, mas a recompensa é a integridade. Com isso, estou falando de uma alma totalmente íntegra, sem nenhuma diferença entre sua atuação e sua verdadeira pessoa. Ter integridade é ser a mesma pessoa tanto por dentro quanto por fora, e, se não tivermos integridade, a vida se tornará fatigante.

Eu gostaria de saber quantas pessoas se sentem tentadas ao pensar no que poderão ganhar se representarem um papel, apenas para pagar por aquelas tentações de isolar-se do público.

A realidade de tentar ser mais importante e mais inteligente do que somos é que no princípio isso parece funcionar, mas depois desaba. É verdade que as pessoas se sentem atraídas pela inteligência, pela força e até pelo dinheiro, mas atração não significa intimidade. O que nos atrai nem sempre nos conecta. Não sei dizer quantos amigos meus se iludiram com uma pessoa sensual, poderosa e charmosa, e logo depois se sentiram sozinhos no relacionamento. Uma coisa é impressionar as pessoas, outra é amá-las.

Voltando a Asheville, sentado no embarcadouro vendo a chuva e ouvindo Ben Rector, dei-me conta de que era de mim que Betsy necessitava. E tive de confiar que eu era suficiente para ela. Betsy não necessitava de meu dinheiro, de meu poder nem de mais nada. Algumas dessas coisas talvez sejam temporariamente atraentes, mas nenhuma é capaz de criar intimidade. Betsy necessitava de mim.

Lembro-me de quando ela e eu falamos pela primeira vez em noivado. Na época, entendemos que tínhamos de fazer planos, agendar tudo e imaginar como seria o ano seguinte. Num momento relativamente sério, Betsy disse que não se importava com o tipo de anel que eu compraria nem com o modo como eu a pediria em casamento.

— Só não faça isso no telão de um campo de futebol, por favor — ela disse.

Eu ri.

— Jamais faria isso — respondi.

Ela sorriu e enxugou a testa.

Depois, em muitas ocasiões fomos ao campo de futebol para ver o Nationals jogar, e até conseguimos ver um jogo do Seahswks quando vieram jogar com o Redskins. Eu sempre dizia, em tom de brincadeira, que me ajoelharia para pedi-la em casamento. Ela revirava os olhos e dizia que seria melhor eu me ajoelhar para amarrar os sapatos.

É engraçado pensar nisso, mas aquelas brincadeiras no campo de futebol deram-me muitas dicas a respeito da mulher com quem em breve me casaria. Ela não queria dirigir um *show* sobre romance. Não é atriz. Betsy deseja ligar-se a alguém. Para ela, amor não é dinheiro, poder nem fama. É um telefonema de manhã para orar por nosso dia, uma mensagem de texto para dizer que estou pensando nela, um bilhete manuscrito, um cartão postal quando estou viajando a negócios. É lembrar-me das bebidas das quais ela gosta quando estamos num bar, perguntar como vão suas amigas e não me esconder atrás do humor nos momentos de conversa séria. E a realidade é que nada disso é difícil. Basta apenas ser atencioso e ver o mundo, pelo menos em parte, pela perspectiva dela. Não é necessário representar: basta ser eu mesmo e estar ao lado dela.

Grande parte do tempo que passei tentando impressionar as pessoas foi perdida. De certa maneira sou grato, pois minhas inseguranças impulsionaram minha carreira, mas estou começando a achar que meu lado adulto e meu lado infantil necessitam juntar-se para compor um ser humano inteiro, capaz de criar intimidade com alguém. E tudo isso me faz pensar se a preocupação e a dúvida que tive a respeito de ser amado por alguém não foram infundadas. A verdade é que as pessoas se impressionam com todo tipo de coisa: inteligência, poder, dinheiro, charme, talento, e assim por diante. Aquelas, porém, que queremos continuar amando são, no final das contas, as que nos prestam um bom serviço ao retribuir nosso amor.

7
As pessoas que escolhemos amar

Uma das verdades que aprendi com John Cotton Richmond, meu amigo que trabalha no Departamento de Justiça, é que algumas pessoas não são dignas de confiança. John tem a missão emocionalmente difícil de colocar criminosos perigosos na cadeia, especialmente criminosos que foram vítimas antes de enveredar para a carreira do crime. E, embora sinta compaixão ao ouvir a história desses criminosos, John sabe que a comunidade precisa ser protegida deles.

Não entendo por que uma pessoa com um passado trágico se torna bondosa e altruísta enquanto outra aumenta o próprio sofrimento fazendo as outras sofrerem. Quase sem exceção, as pessoas mais bonitas e altruístas que conheci enfrentaram tragédia pessoal. Elas lembram as árvores com as quais deparo de vez em quando na Garganta do Rio Columbia, aquelas que começaram a crescer sob penedos e se enrolaram lentamente no paredão de rocha a fim de encontrarem um caminho alternativo para receber a luz do sol.

No entanto, a questão mais difícil para eu admitir é que há também pessoas que se tornam as próprias rochas que as escondem. Talvez haja redenção para elas, talvez haja esperança, mas isso não muda o fato de que não são dignas de confiança. Só digo isso porque ocorreu uma evolução positiva em minha vida quando me dei conta de que relacionamentos saudáveis acontecem mais entre pessoas saudáveis. Estou falando de amigos, vizinhos e pessoas com as quais concordamos em negociar.

Um dos aspectos que mais admiro em John é sua capacidade de sentir compaixão, por um lado, e fazer justiça, pelo outro. Ele oferece as duas coisas generosamente, e, mesmo assim, uma não exclui a outra.

Lembro-me de ter conversado com Ben, certa vez, sobre uma pessoa que havia mentido para mim. Eu estava trabalhando com essa pessoa num projeto e ela mentiu a respeito de dinheiro. Ben é dez anos mais velho que eu, um cineasta de coração dócil, um homem aparentemente fácil de ser ludibriado. Quando, porém, lhe contei sobre meu amigo, Ben disse:

— Don, aprendi nesta vida que há quem dá e há quem toma. Fui dispensando aos poucos os que tomam e afirmo que foi o melhor que poderia ter feito. — E prosseguiu: — Que Deus os abençoe quando eles aprenderem a agir de acordo com as regras que deveriam ter seguido, mas vale a pena proteger meu coração.

A princípio foi difícil agir de acordo com a ideia de Ben sobre quem dá e quem toma. Senti-me idiota por ter abandonado meu amigo, mas percebi, então, que não tinha um relacionamento saudável com ele. Quando há mentiras num relacionamento, não há uma ligação verdadeira entre as duas pessoas. E percebi outra coisa também: não fui eu que me afastei de meu amigo, mas meu amigo que não agiu de acordo com as regras e tornou incompatível um relacionamento saudável. E há outro aspecto estranho. Depois de distanciar-me dele, passei a amá-lo mais, não menos. Eu me protegi, claro, mas minha raiva desapareceu. Uma vez que ele havia deixado de me magoar, pude finalmente sentir compaixão e graça.

Quantas pessoas prejudicam a própria vida pelo fato de confundir capacitação com graça?

Lembro-me de ter ouvido, anos atrás, na igreja, uma história da Bíblia sobre um casal que tentou passar a perna em sua comunidade. O homem, chamado Ananias, vendeu uma propriedade e doou parte do lucro à igreja, mas mentiu dizendo que doara todo o dinheiro. Deus matou-o na hora. Estou falando sério: ele caiu morto imediatamente após ter mentido à comunidade. Mais tarde, sem saber da morte do marido, a esposa também tentou passar a perna na comunidade e caiu morta. A questão não foi se eles haviam doado ou não todo o lucro — provavelmente muitas pessoas não doavam o valor total. A questão foi que mentiram à comunidade.

Lembro-me de outra história ouvida na igreja. Lembro-me de uma história sobre o encontro de Jesus com um homem rico. Jesus gostou dele e convidou-o para acompanhá-lo, para vender todos os seus bens e segui-lo. O homem rico queria muito seguir Jesus, mas não queria vender seus bens. Jesus olhou para o homem e o amou. Jesus não repreendeu nem puniu o homem. Apenas sentiu amor por ele. Mas, no fim, cada um seguiu seu caminho. Eu pensava que a história se relacionava com os perigos da riqueza, e suponho que sim, até certo ponto. Mas penso também que se trata de uma história sobre limites. Jesus não abriu mão de seu propósito, de sua comunidade e de seu chamado só para poder nadar na piscina do homem rico ou passar férias com ele na Espanha.

Penso que a história sobre Jesus e o homem rico significa também que, embora todos sejam convidados, nem todos estão dispostos a aceitar o convite.

Recentemente, vi um episódio do programa *60 Minutes* no qual Morley Safer entrevistou o ator e ilusionista Ricky Jay. Jay é prestidigitador. Você o reconheceria se o visse. Participou de dezenas de filmes, na maioria interpretando papéis secundários. Porém, ele é bom mesmo em prestidigitação. Engana totalmente qualquer pessoa com algumas cartas de baralho. Lota as casas de espetáculo nas quais se apresenta, fazendo truques e mais truques com 52 assistentes. Na entrevista com Morley Safer, ele contou que previu o escândalo de Bernie Madoff. Tirou uma folha de papel de um arquivo e explicou que o entregara às autoridades meses antes de Madoff ser preso. Contou que pediu às autoridades que procurassem três coisas: lucros em investimentos muito acima da média e com tal frequência que os investidores hesitassem em pedir o retorno de seu capital; alguém que confiasse cegamente numa associação com um grupo de investidores, seja esse grupo religioso, étnico ou geográfico; e, por fim, alguém que dificilmente fizesse investimentos, que aparentasse estar desinteressado em dinheiro e fizesse as pessoas irem atrás dele, e não o contrário.

Bem antes de o escândalo de Madoff vir à tona, um ilusionista previu tudo. Por quê? Porque ele era um exímio manipulador. Conhecia os truques. Foi inacreditável, mas Morley Safer caiu como um patinho. Achou que Ricky Jay era um gênio. Depois, Ricky Jay revelou que enganara Morley Safer também, porque escreveu a história inteira na véspera da entrevista, imprimiu-a numa folha de papel e colocou-a num arquivo para levar à entrevista. Ricky Jay não previu nenhum dos delitos de Bernie Madoff. Um ilusionista é simplesmente um ilusionista. Pelo menos Ricky Jay foi sincero no final.

Respeito Ricky Jay, mas não o respeito por ele ser um bom ilusionista. Respeito-o porque há algo nele que deseja confessar, que deseja revelar seus truques, que deseja conectar-se com as pessoas. É verdade que o manipulador é a pessoa mais solitária do mundo. E a segunda pessoa mais solitária do mundo é a manipulada. Se não formos sinceros uns com os outros, não podemos estabelecer conexões. Não podemos ter intimidade com outra pessoa. Só Deus é capaz de entrar no coração de um manipulador, e mesmo assim ele permanece em silêncio, esperando que o manipulador pare com seus truques.

Cerca de um ano atrás, li um artigo que dizia que nos próximos cinco anos seremos um conglomerado de pessoas com quem conviveremos frequentemente. O artigo vai tão longe a ponto de dizer que os relacionamentos eram um indício de quem seremos, com exceção dos exercícios, da dietas ou do consumo de mídia. E, se pensarmos bem, a ideia faz sentido. Por mais que sejamos seres independentes, protegidos por nossa pele, as ideias e as experiências que trocamos com os outros crescem dentro de nós como videiras e revelam-se em nossos gestos, em nossa linguagem e em nossa perspectiva da vida. Se você quiser transformar uma pessoa triste em uma pessoa feliz, deve começar por incluí-la numa comunidade de otimistas.

Depois que li o artigo, comecei a ser mais seletivo a respeito das pessoas com quem convivo. Queria estar com alguém que fosse humilde e ambicioso, que tivesse bons relacionamentos e estivesse trabalhando para criar novas e melhores realidades no mundo.

Entrei um dia desses num restaurante para trabalhar um pouco e encontrei-me casualmente com meu velho amigo Thad Cockrell. Ele é um roqueiro mais ou menos famoso, vocalista de uma banda chamada Leagues, e Betsy e eu adoramos sua música. Fui até a mesa dele para cumprimentá-lo e perguntei como ele estava. Thad foi sincero, disse que não estava bem.

— Por quê? — perguntei.

Ele fez um movimento com a cabeça, indicando que eu me sentasse. Suspirou, tentou sorrir e disse:

— Estou me sentindo sozinho, Don.

— Sozinho? — perguntei.

— Sim, sozinho — ele repetiu.

Aquilo soou um pouco estranho. O cara tinha muitas amigas e poderia sair com qualquer garota do restaurante. Mas ele disse que queria mais, que queria estabelecer-se na vida, ter alguém com quem se preocupar. Disse que aquilo era difícil, que a maioria de seus relacionamentos havia fracassado e desmoronado, deixando-o com o coração partido.

— É maravilhoso para a música, mas terrível para a alma — desabafou.

Reconheci aquela situação difícil. Ele era eu, só que alguns anos antes.

— Thad — eu disse —, posso lhe fazer uma pergunta?

— Claro, desde que não a inclua num livro — ele respondeu.

— Vou mudar seu nome para Ralph — prometi.

— Vamos lá, pergunte — ele disse.

— Ralph, você se sente atraído por dramas?

Ele imediatamente começou a rir.

— Está tão visível assim? — perguntou.

Expliquei a ele que não estava visível, mas que, às vezes, quando a pessoa se envolve em muitos relacionamentos que fracassam e desmoronam, ela se sente atraída por dramas.

Em seguida, contei-lhe o que meu amigo John Cotton Richmond me dissera certa vez: que 90% de nossos problemas poderiam ser evitados se escolhêssemos pessoas mais positivas para entregar o coração.

Ralph olhou para mim, curioso.

— O que é uma pessoa positiva?

Assumi que ainda estava tentando descobrir, mas que não conhecia muitas pessoas positivas que fossem dramáticas.

A realidade é esta: o relacionamento de uma pessoa positiva com uma pessoa negativa resulta num relacionamento negativo.

Há outra história verdadeira que ainda não contei. Quando Betsy e eu saímos juntos pela primeira vez, ela não estava interessada em mim por achar que eu não era uma pessoa positiva. Sem brincadeira, fazia quase cinco anos que nos conhecíamos quando começamos a namorar. Gostei dela imediatamente. Uma vez ou outra lhe enviava um *e-mail*, quando eu estava em DC, e tomávamos café juntos. Apesar de ser educada, ela nunca me fez acreditar que estivesse interessada em mim. E não estava.

Só depois que comecei a mudar foi que Betsy passou a considerar-me mais que um amigo. Certa noite, saímos juntos para jantar e contei a ela sobre Onsite, sobre o trabalho que vinha fazendo e sobre o motivo de eu estar dando um tempo antes de voltar a namorar. Contei a ela que eu estava tentando descobrir o que significa estar num relacionamento saudável. Não era o tipo de conversa que atrairia a maioria das mulheres, mas Betsy ficou intrigada. Penso que ela provavelmente já havia saído com tantos rapazes que tentaram impressioná-la que a verdade lhe aguçou o interesse.

Quando terminou o tempo que eu tinha dado a mim mesmo a respeito de namorar, liguei e convidei-a para sair comigo. Ela aceitou. Namoramos a distância por uns tempos. Eu passava um fim de semana em DC e, no mês seguinte, ela me visitava em Portland. No entanto, logo depois comecei a repetir velhos hábitos.

Naquela época, eu manipulava as mulheres falando de casamento muito antes de pôr o relacionamento à prova. Fazia isso para conquistar a garota e ter uma sensação de segurança, e depois perdia o interesse.

Betsy, porém, não caiu nessa nem se intimidou, apenas explicou que ainda não era hora de conversarmos sobre casamento. Tentei ficar na defensiva e dramatizei um pouco, mas entendi que ela estava certa. Mais cedo ou mais tarde, eu assimilaria as lições sobre relacionamentos saudáveis e começaria a confiar no processo lento e natural de aprender a amar e ser amado por outra pessoa.

Estaria mentindo se dissesse que nosso relacionamento foi tão empolgante quanto os relacionamentos infelizes que tive no passado. Não foi, mas perdi o interesse pelo drama. O lado oculto da paixão de Hollywood é decepção e solidão — e, na maioria das vezes, ressentimento e falsidade a respeito da natureza do amor.

Betsy e eu queríamos compor uma sinfonia, não uma canção popular.

Não me interprete mal. O amor é maravilhoso, e o tempo da colheita só chegou depois de um longo período de semeadura. A verdadeira intimidade pode ser explicada assim: é o alimento que plantamos num solo muito bem preparado. E, como a maioria das coisas que nos fazem bem, é um prazer que se adquire aos poucos.

8
O controle das fantasias

Depois de entender que nos tornamos semelhantes às pessoas com as quais convivemos, decidi passar tempo com pessoas melhores. Tinha um amigo do outro lado da cidade chamado David Price, casado com uma mulher extraordinária e que dirigia o próprio negócio como analista de dados para grandes empresas. Antes, porém, de ser analista de dados, ele trabalhou para um autor no Colorado chamado John Eldredge. Eldredge escreve livros sobre a trajetória masculina, e sou admirador de seu trabalho. Não sei se foi porque David trabalhava para John ou porque ele tinha uma forma diferente de viver, mas eu gostava de David e do fato de ele não se interessar por conversa fiada. David entendia a vida como uma jornada do coração e queria saber como meu coração estava procedendo na jornada. Para ser sincero, às vezes as conversas com ele eram cansativas, mas percebi que só me cansava porque estava tentando me esconder. Preferia falar sobre futebol ou sobre o tempo a falar sobre meu coração. Com o tempo, cedi e comecei a abrir-me com David.

Não nos tornamos os melhores amigos do mundo, mas ele era meu amigo melhor. Quando digo amigo melhor, quero dizer que ele era a melhor pessoa com quem eu conversava. Todas as vezes que saíamos para tomar uma cerveja ou almoçar juntos, eu me tornava, até certo ponto, uma pessoa mais centrada. Ele nunca permitiu que eu controlasse a conversa com divagações. Apenas não dava importância e repetia a pergunta da qual eu estivesse fugindo.

David e sua mulher tinham filhas gêmeas, e ele queria encontrar um escritório para trabalhar fora de casa. Eu sabia que, se quisesse acertar minha vida, teria de passar mais tempo com David. Aluguei, então, um escritório do outro lado da rua do condomínio onde ele morava, comprei uma mesa e permiti que ele trabalhasse ali sem me pagar nada. Sabia que, para mudar de vida, eu precisaria passar mais tempo com pessoas cujo modo de ser eu quisesse imitar. Decidi ser um pouco mais agressivo a esse respeito.

Na vida, há tempo de podar e tempo de crescer. Quando faço uma retrospectiva de minha vida, posso dizer que o crescimento mais importante ocorre logo depois que somos podados. David tinha esse modo sincero de podar-me. Penso que essa não era a sua intenção, mas ele era como um espelho, sempre refletindo em mim a verdade de quem eu era. Duvido que sem ele eu tivesse sido capaz de ter uma relação saudável.

Antes de aprender a ser sério dentro de um relacionamento romântico, eu usava as mulheres para autoafirmação.

Passava de uma garota para outra, sentindo muito amor cedo demais até não sentir absolutamente nada. Não demorou muito para David notar esse tipo de comportamento. Todas as manhãs, antes de começarmos a trabalhar, eu ouvia as histórias dele sobre alimentar as gêmeas no meio da noite e depois ele ouvia as minhas sobre meu mais recente caso de amor. Em seguida, ele me confrontava.

Um dia, enquanto almoçávamos num restaurante indiano, contei-lhe sobre uma garota que conhecera em Michigan. Mas, em vez de fazer perguntas a respeito dela, o que seria normal, ele me perguntou se eu afirmava minha identidade manipulando as garotas. Disse que parecia estranho agir tão rapidamente depois de sentir atração por alguém.

Fui pego de surpresa e fiquei na defensiva.

— Não me considero manipulador. Talvez goste realmente dessa garota.

— Talvez — ele disse —, mas a maioria dos homens não tem sentimentos tão fortes por tantas garotas num ano, Don. No mês passado você estava falando do mesmo modo a respeito de outra garota. Acho que está usando essas jovens para amortecer suas feridas. Está viciado em alguma fantasia romântica, mas não consegue enfrentar a realidade de que o amor exige que a gente faça uma escolha e permaneça com ela.

Amortecer minhas feridas? David não estava sendo grosseiro, estava sendo direto. Mas doeu da mesma forma; o que mais doeu foi que ele não me considerava tão forte ou viril para atrair aquelas garotas. Ele me via como um homem fraco, como um homem necessitado.

E ele estava certo. Em todos os relacionamentos anteriores eu dera asas à fantasia e pensara em outras mulheres. Uma mulher nunca bastava, eu queria todas. Algumas dessas fantasias eram sexuais, claro, mas muitas eram românticas, o tipo de devaneio no qual eu fascinava uma garota, comprava uma casa para ela e tinha alguns filhos. Eu conhecia uma garota, sentia uma pequena atração por ela e já começava a sonhar em ser seu herói. É terrivelmente constrangedor admitir isso, mas juro que havia uma câmera em meu cérebro sempre filmando um programa de televisão imaginário, e eu me lançava como o protagonista que adora viver feliz. Eu tinha uma variedade de coadjuvantes, às vezes uma mulher que conhecera casualmente numa lanchonete, ou uma garota que conhecera numa noite de autógrafos, mas, infelizmente, nenhuma era importante para mim na vida real. Eu apenas as usava como partes de uma fantasia. Na época eu não sabia o que estava fazendo, não tinha consciência disso. Hoje percebo como era terrível. Ficaria triste demais se um de meus filhos seguisse meu exemplo.

As conversas matinais com David ajudaram-me a perceber que as garotas pelas quais eu me apaixonava tinham algo em comum: não estavam interessadas em mim na época do ensino médio. E eu estava voltando ao passado e reescrevendo as histórias despedaçadas que vivi nos anos de formação de meu caráter, tentando consertar meu passado despedaçado. Tive uma infância pobre, por isso a maioria das garotas pelas quais me apaixonei na vida descendia de famílias importantes. Eu não tinha porte atlético nem era descolado, por isso as garotas pelas quais me apaixonava eram normalmente muito requisitadas ou líderes de torcida. Só percebia isso quando começávamos a namorar, mas havia algo em mim que me fazia correr atrás dessas garotas como se fossem remédio, como se minha identidade despedaçada estivesse procurando autoafirmação com pessoas de determinada classe.

Quanto mais curado me sinto, mais surpreso fico diante dos desejos enganosos que muitas vezes foram confundidos com amor.

Evidentemente, nada disso funcionou. Minha identidade despedaçada transformou-me num manipulador e minha vida romântica assemelhava-se a um daqueles programas de pesca na televisão, um jogo de pega e solta, no qual eu pegava uma garota apenas para tirar uma foto.

Certa manhã, David mencionou que eu deveria parar de namorar por uns tempos. Sentado diante de minha mesa, senti um pânico silencioso quando ele disse isso. Duvido que ele tenha notado. Movimentei o *mouse* e fixei o olhar num quadro de avisos diante de minha mesa, imaginando David, sua mulher apaixonada e as gêmeas numa nave espacial, acenando para mim através da janela, todos torcendo com entusiasmo pelo tio Don maluco, flutuando no frio e usando a roupa branca e inflada da solteirice.

— Um retiro lhe faria bem — ele disse. — Para se desintoxicar de todo o drama.

"Desintoxicar? Agora sou um viciado?", pensei.

Senti vontade de atirar meu grampeador nele.

No final das contas, porém, aceitei o conselho de David. Decidi passar seis meses sem namorar. Estaria mentindo se dissesse que foi fácil. Algumas semanas depois, durante uma noite de autógrafos, conheci uma linda *socialite*, cujo tio era senador. Parada em minha frente, ela inclinou a cabeça para o lado e sussurrou, por entre lábios que brilhavam como vinho aos olhos de um alcoólico, que tínhamos muita coisa em comum. Sem saber o que fazer, cumprimentei-a com um aperto de mão. Olhei enquanto ela se afastava e atravessava a porta, na esperança de voltarmos a nos encontrar secretamente depois que eu saísse da prisão de David.

Naquela noite, em meu quarto de hotel, sonhei acordado pensando na garota, fosse qual fosse seu nome. Num período de trinta minutos, nós nos casamos, tivemos filhos e, um dia, quando já havíamos passado da casa dos sessenta, o tio dela e eu nos sentamos em minha elegante biblioteca e, enquanto tomávamos uísque, ele me convidou para ser seu sucessor no senado. Brilhante.

Eu odiava muito David. Ele estava estragando tudo.

Ao mesmo tempo, porém, eu sentia a tolice de tudo aquilo. A maioria de minhas façanhas românticas ocorria em minha cabeça. E naquelas histórias não havia risco nem vibração, apenas o conforto do açúcar.

Tampouco havia transformação do personagem. A mudança só ocorre quando enfrentamos o obstáculo da realidade à nossa frente. A fantasia não muda coisa alguma, e é por isso que, tão logo ela acaba, a história parece ter sido reduzida a nada.

Passei mais de seis meses sem namorar. Comecei a namorar novamente depois de quase um ano. De certa forma, a desintoxicação funcionou; após alguns meses, fui capaz de afastar-me da tentação. Mas só depois que comecei a namorar Betsy foi que percebi a influência negativa que minha fantasia havia exercido sobre meus relacionamentos.

Veja o que aconteceu. Mudei-me para DC a fim de correr atrás de Betsy e, claro, comecei a criar uma história de amor completa em minha mente. Betsy era a garota linda e elegante que me via como herói, e eu era o mocinho esforçando-se para ostentar poder.

No passado, assim que as garotas não se encaixavam no papel que imaginava para elas, eu começava a concentrar-me na dificuldade do relacionamento e passava para outra fantasia de curto prazo.

Betsy não era a mulher que eu imaginava. Nasceu numa excelente família e havia trabalhado com deputados e senadores no Hill, porém tinha pouco interesse em se casar com um deles. Em sua opinião, eram homens atarefados demais, que lutavam constantemente para proporcionar apoio emocional à família. Além do mais, ela queria uma família estruturada. Seus relacionamentos eram mais baseados em memórias compartilhadas e valores comuns que em parcerias estratégicas para ajudar um ao outro a ter sucesso na vida. Aquilo acabou comigo. Se eu lhe perguntasse, por exemplo, por que encontraríamos uma amiga sua, ela me contaria que já não a via fazia muito tempo e que certa vez elas ficaram acordadas a noite inteira fumando cigarro na grama e falando de rapazes.

Eu não tinha categoria mental para aquele tipo de amizade. Não sabia como alguém se beneficiaria de um tipo de amizade como aquela. O que elas estavam tentando construir? Quem estavam tentando derrotar? Quais eram as regras do jogo e como venceriam? Essas são as questões importantes da vida, certo?

— Ficar acordado a noite inteira fumando cigarro e falando de rapazes me parece perda de tempo — eu disse delicadamente.

Betsy revirou os olhos.

— Às vezes o vínculo verdadeiro ocorre em conversas sobre nada, Don — ela disse. — Às vezes a disposição de falar sobre nada demonstra quanto queremos estar um com o outro. E isso é uma coisa poderosa.

Ela poderia estar certa, mas nesse momento reluto em admitir. Deus sabe que não estou disposto a ficar acordado a noite inteira, sentado na grama, falando sobre nada. Betsy disse que, se tivermos filhos, eu farei isso, e suponho que sim. É engraçado o que acontece com a gente quando parte de nosso coração nasce dentro de outra pessoa. Acho que farei as coisas malucas que os pais fazem e não vão parecer malucas.

Certa vez, fiz o teste DISC, um método para avaliar o modo de trabalho de uma pessoa e que apresenta um relatório que os outros podem ler se quiserem saber como trabalhar com você. Meu relatório dizia: "Não converse com Don sobre nada que não favoreça seus objetivos". Poderia ter dito também: "Don é um monstro. Não olhe nos olhos dele".

Houve, porém, algo muito bonito a respeito dessa nova situação com Betsy. Ela estava me levando a algum lugar. Conheço muitos homens mais velhos que trocaram a vida pela carreira profissional e não lhes restou nada a não ser muito dinheiro, poder e solidão, por isso eu sabia que Betsy estava certa. Os relacionamentos são importantes. São tão importantes quanto exercício físico e nutrição. E nem todos os relacionamentos nos ajudam a alcançar nossos objetivos. Deus não nos dá filhos chorões de fraldas sujas porque deseja favorecer nossa carreira profissional, mas, sim, pelo mesmo motivo que confundiu a língua do povo no episódio da Torre de Babel: para criar o caos e impedir-nos de investir energia demasiada nos ídolos glutões do ensimesmamento. Portanto, dessa vez eu tinha de continuar. Não poderia fugir de Betsy como fazia com as outras garotas. Tinha de enfrentar a realidade de que jamais seria o administrador de minha história de amor distorcida. Tinha de entender que Betsy nunca seria uma atriz que leria o roteiro escrito por mim. Ela era ela mesma, com seus desejos, suas vontades e suas paixões, e eu não podia fazer nada para controlá-la.

Tenho um amigo pastor que diz que a raiz do pecado é o desejo de estar no controle. Penso que existe um pouco de verdade nisso. E acrescentaria que a raiz do controle é o medo. Minha vida havia sido rica em fantasias em parte porque isso me dava uma sensação de controle. Não havia nenhum risco em minhas fantasias, e risco é o que mais temo. Afinal, amar uma pessoa é dar a ela o poder de nos magoar, e ninguém poderá nos magoar se o roteiro for escrito apenas por nós mesmos. Isso, porém, não funciona. As pessoas controladoras são as mais solitárias do mundo.

Há quem goste de vivenciar suas tendências controladoras por meio de intimidação e truculência. Tenho feito isso, claro. Mas é a mesma tendência que impulsionou minhas fantasias: o desejo de ser o autor do roteiro de outra pessoa e controlar todos os aspectos da história. É muito triste. Nem Deus controla as histórias das pessoas, e ele é o único que pode de fato fazer isso.

Houve uma época em que minhas tendências de ser controlador quase desandaram meu relacionamento com Betsy. Foi nosso período mais sombrio.

Veja o que aconteceu: Betsy e eu ficamos noivos em DC e planejávamos nos mudar para Nashville depois do casamento em Nova Orleans, onde a família dela mora. Começamos a trocar ideias sobre comprar uma casa e, pelo fato de conhecer Nashville melhor que ela, escolhi os locais que queria morar com base em minha preferência. Sem perguntar a opinião de Betsy, marquei encontro com um corretor de imóveis e pedi que ele nos colocasse numa lista automática, tomando o cuidado de incluir apenas as opções que aprovara antecipadamente. Comecei, então, a construir minha estrada de ferro, ou seja, assentei os trilhos de aço longos e inabaláveis de nosso futuro, que ela jamais seria capaz de remover. Eu conseguiria a casa que desejava e Betsy moraria nela.

Deu tudo errado, claro, quando Betsy e eu viajamos a Nashville para conhecer as casas pessoalmente. Havia áreas inteiras do mapa que eu não havia explorado. Sem saber o que fazer, inventei histórias sobre depósitos de lixo nuclear na região e hábitats de aves raras, controlados por programas de preservação ambiental.

— Houve um duplo assassinato naquela casa — eu dizia.

— A construção é muito nova — Betsy protestava.
— Não houve tempo para alguém ser assassinado ali!
A verdade é que eu havia encontrado a casa. Tratava-se de uma casa razoavelmente grande, localizada a alguns quilômetros de meu escritório. Tinha um belo jardim e um gramado enorme nos fundos para a cadela. Tinha também duas garagens separadas, e eu pretendia transformar uma delas em academia doméstica. O grande escritório teria dupla utilidade, como biblioteca e sala de estar, com fiação pronta para instalarmos uma televisão imensa, como se fosse uma arena esportiva. Os quartos de hóspedes eram bem distantes da suíte, por isso eu não teria de interagir com os amigos de Betsy. E, pelo fato de ser uma construção nova, eu não teria de passar a vida procurando vídeos sobre como consertar vazamento de banheiros. Perfeita.

O corretor de imóveis mostrou-nos primeiro as casas menores, deixando por último a que eu queria. Todas as outras casas apresentaram defeitos encontrados intencionalmente, então aquela seria a melhor. Eu confiava em minha estratégia.

Enquanto visitávamos a casa, falei o tempo todo de pequenas coisas que Betsy considerava atraentes. Vários quartos de hóspedes. Uma área na frente com tamanho suficiente para um jardim. Árvores antigas. Uma varanda onde poderíamos fazer as refeições de mãos dadas. Betsy andou pela casa em silêncio, espiando todos os armários. Não parou da forma que alguém faz quando se encanta com alguma coisa. Fiquei preocupado. Fiz um sinal para o corretor, dando a entender que precisávamos de um momento a sós. Ele dirigiu-se ao quintal, e Betsy e eu permanecemos na cozinha.

— Não amei esta casa — ela disse.
— Você está louca — repliquei.
— Não estou louca. Acho que devemos dar outra olhada em nossa lista. Esta não é a casa ideal.
— É a casa ideal — eu disse. — Exatamente a ideal. Tem tudo o que você queria, Betsy. Uma pia na cozinha e muitas outras coisas.
— Você nem perguntou o que eu queria — ela disse, sem rodeios.
— Pelo amor de Deus, o que você poderia querer que esta casa tivesse? Um heliporto? Um tobogã aquático? Qual é o seu problema?
Betsy lançou-me um olhar que eu nunca havia visto. Continuou ali em silêncio, com a mão no balcão da cozinha. O olhar não era exatamente de raiva. Parecia mais de tristeza misturada com medo. Era o olhar de um animal preso numa armadilha, querendo saber o que seu capturador pretendia fazer e se o fato de viver dentro de uma gaiola seria pior que morrer.
— Quero que você me diga o que há de errado com esta casa — exigi.
Naquela altura eu já havia perdido a capacidade de entender os sentimentos dela. Aquilo que supostamente aconteceria não estava acontecendo, e meu plano começava a ir por água abaixo.
— Não sei o que há de errado com esta casa, Don. Não tenho certeza. — Sua mão tremia em cima do balcão. Ela a escondeu no bolso da jaqueta de lã. — Você está sendo muito grosseiro — disse em voz baixa.
— Grosseiro — repeti de propósito, como se a acusasse de fazer drama.

Há ocasiões na vida de um homem em que ele diz coisas que jamais será capaz de desdizer. São palavras que podem causar quase um impacto físico na outra pessoa. São palavras que podem machucar. Podem ter o efeito de uma armadilha na floresta e deixar a vítima contorcendo-se durante semanas.

— Quando você tiver dinheiro para pagar a primeira parcela, ou melhor, a hipoteca, sua opinião valerá um pouco mais — eu disse.

Os olhos de Betsy encheram-se de lágrimas. Ela virou-se e atravessou a porta.

Demorou muito para ela me perdoar. Eu lhe asseguro que nunca mais repetirei aquelas palavras, pois foram injustas e descabidas. Estou contando esta história como confissão. Eu estava errado. Além do mais, a realidade era que Betsy ocupava uma posição importante numa grande empresa em DC. Sua carreira estava apenas começando, mas ela não precisava de mim nem de meu dinheiro. Seu maior medo era que, ao abrir mão de sua carreira para ficar comigo, perdesse a liberdade e a identidade. Ela poderia até abrir mão da carreira em troca de uma família, mas não queria perder a identidade. Queria ser Betsy, queria ter suas roupas, suas coisas e sua casa. Queria tudo aquilo, fosse comigo ou não.

Ninguém nos diz que, quando nascemos com uma obsessão por controlar tudo, isso nos custará uma bela vida de amor. Mas é verdade. Não é possível controlar uma pessoa e, ao mesmo tempo, ter uma vida íntima com ela. Talvez ela permaneça na relação por medo, mas o amor verdadeiro lança fora o medo.

Betsy e eu só voltamos a nos aproximar um do outro quando partimos de DC e nos mudamos para Nova Orleans a fim de fazer os preparativos para o casamento. E foram necessárias muitas conversas para consertar o estrago que causei. Foi um trabalho penoso encontrá-la na floresta e desmontar a armadilha. Levou tempo. Por incrível que pareça, ela não me fez pagar por meu erro. Não se fez de vítima, e isso me deu espaço para reflexão.

A desistência de ser controlador foi, para mim, um período angustioso. Lembrei-me da diferença entre escrever um livro e escrever o roteiro de um filme. Quando escrevemos um livro, controlamos cada palavra, mas no caso de um filme dividimos o controle com o produtor, com o cineasta e até com os atores. Cada um que pega o roteiro interpreta-o de forma diferente; então, quando chega às telas, não se parece com nada daquilo que o escritor imaginou. No entanto, de certa forma parece melhor. O diretor é capaz de preencher os vazios, e os atores dão aos personagens novas dimensões, que os tornam reais e belos.

A luta em meu relacionamento com Betsy foi toda em torno de dividir o controle. Estaria eu disposto a entrar nessa sem ter ideia de como seria o produto final? Ou a abrir mão de meu sonho para misturá-lo ao dela, casar e talvez ser surpreendido pelo que poderia acontecer numa vida a dois?

Betsy e eu encontramos a casa certa para nós. A garagem não era tão grande a ponto de transformar-se numa academia doméstica, e o escritório era menor do que eu queria, mas os quartos de hóspedes ficavam a uma boa distância da suíte, para proporcionar-nos privacidade. E queríamos receber muitos hóspedes. O lugar também tinha fiação para uma televisão grande, um pouco maior do que Betsy gostaria, mas, você sabe, todos nós fazemos sacrifícios. Betsy também adora quintais. Há espaço suficiente para uma horta. Ela quer aprender a cozinhar com ingredientes colhidos em nossa horta. Encontrei um lugar, perto da cidade, que vende dormentes ferroviários e assisti a alguns vídeos na internet sobre como fazer um canteiro elevado para legumes e verduras. E você não vai acreditar, mas a mesma empresa na qual ela trabalhava, em DC, contratou-a para elaborar projetos em casa. E ela abriu uma empresa de consultoria com seus antigos colegas.

Nós dois somos independentes e livres, porém temos aquelas diferenças um do outro. É um paradoxo, mas funciona. Lembro-me do que meu amigo Henry Cloud me disse. Quando duas pessoas são inteiramente independentes, elas se completam. O autorrespeito de uma pessoa não vive dentro de outra pessoa. Intimidade significa que estamos juntos e somos independentes.

Não sei por que amar uma mulher é mais assustador que escalar uma montanha ou navegar no oceano, mas é. A montanha pode machucar nosso corpo e o oceano pode nos afogar, mas, no final, continuamos a ser os homens que os conquistam. Vivos ou mortos, continuamos a ser homens. A mulher, no entanto, pode roubar nossa masculinidade e reduzir-nos a um menino no sentido exato da palavra. Não é de admirar que tentemos controlar um ao outro. Às vezes parece que estamos tentando nos envolver emocionalmente um com o outro e, ao mesmo tempo, destruir um ao outro.

O amor, porém, não é controlador, e talvez ele seja o maior de todos os riscos por esse motivo. No final, precisamos ter esperança de que a pessoa a quem estamos entregando o coração não o destrua e estar dispostos a perdoá-la quando ela o destruir, do mesmo modo que ela nos perdoará. Nas histórias de amor verdadeiras não há ditadores, mas participantes. O amor é a narrativa de uma aventura em constante mutação, complicada e de livre escolha, que oferece o mundo, mas não garante nada. Quando escalamos uma montanha ou navegamos no oceano, somos recompensados por permanecer no controle. Talvez exista outro motivo para explicar por que a verdadeira intimidade é tão assustadora. É a única coisa que todos nós queremos, e precisamos abrir mão do controle para consegui-la.

9
Cinco tipos de manipuladores

Durante minha pausa de namoro, li alguns livros sobre pessoas manipuladoras. Os melhores foram *Safe People* [Pessoas confiáveis], de Henry Cloud e John Townsend, e *Who's Pulling Your Strings?* [Quem está exercendo controle sobre você?], de Harriet Braiker. Ambos chegam à mesma conclusão: não há nenhum relacionamento firme no qual exista uma pessoa falsa ou manipuladora.

Percebi outra coisa enquanto Betsy e eu namorávamos: se uma das pessoas num relacionamento for firme e a outra fraca, o relacionamento será fraco. Os que não abandonam as tramoias e não se dedicam inteiramente à arte difícil e vulnerável de se relacionar com outra pessoa terão lutas pela frente.

Para ser sincero, eu estava juntando meus cacos. Mesmo sem estar totalmente firme, tinha bastante firmeza para começar a procurar uma parceira diferente. Queria uma mulher que fosse verdadeira, agradável, responsável e perdoadora.

A leitura dos livros de Cloud e Townsend e de Harriet Braiker mostrou-me qual é a inimiga dominante dos relacionamentos. É a deslealdade, especificamente a deslealdade que envolve ser uma pessoa manipuladora.

Na época em que eu era péssimo em relacionamentos, nunca dei a isso o nome de manipulação. A doninha não sabe que é doninha, apenas faz o que dá certo para conseguir alimento. Ter firmeza, portanto, é tornar-se um ser humano depois de ter passado anos como uma doninha.

Lembro-me de ter começado a fazer negócios com um sujeito, na época em que li aqueles livros sobre pessoas confiáveis, e ter tido de perguntar-lhe alguns detalhes de seu passado que pareciam duvidosos. Ele havia sido acusado de passar a mão no dinheiro de um ex-patrão. A princípio foi sincero comigo, admitindo tudo o que havia feito. Garantiu-me que havia mudado e continuou a usar a palavra integridade como se estivesse tentando ser uma nova pessoa.

Quando perguntei por que ele havia agido daquela maneira, que situações o haviam levado a ser tão trapaceiro, não soube responder. Apenas desviou a conversa e continuou a usar a palavra integridade. Aquilo tudo me confundiu. A alma não é assim tão diferente do corpo físico, no qual, quando temos um problema, pode ser diagnosticado e um médico pode ajudar-nos a melhorar, se mudarmos nosso modo de vida. Talvez eu tenha julgado mal o sujeito, mas todas as pessoas que conheço que eram fracas e ficaram mais fortes têm uma história, uma história sobre chegar ao fundo do poço, perceber o erro que estavam cometendo e mudar radicalmente seu modo de vida, a fim de não repetir os erros. Aquele sujeito continuou a dramatizar demais sua mudança de vida, mas não tinha uma história. O caráter só muda quando a pessoa tem uma história de vida. Decidi não fazer negócio com ele.

Os ex-viciados sentem o cheiro da falsidade na história de outra pessoa. Não estou julgando a falsidade, porque pode ser parte do caminho rumo à sinceridade. Quem sabe? Estou apenas dizendo que deixei de confundir isso com firmeza. Não passa de um drama. Conforme mencionei, sempre que há muitos dramas em geral há manipulação. Na semana passada, assisti à entrevista feita por um âncora de telejornal com o presidente do país e foi impressionante. Parecia que o entrevistador não se importava com a verdade nem queria descobrir nada, queria apenas criar drama. Tentou o tempo todo preparar uma armadilha para o presidente, e o presidente continuou a dar-lhe respostas firmes. No fim das contas, acho que o povo americano não aprendeu nada sobre o presidente nem sobre os assuntos discutidos. Não aprendeu absolutamente nada. Passamos meia hora vendo dois homens competindo entre si com palavras.

A manipulação pode ser interessante e pode ajudar-nos a controlar as pessoas e persuadi-las, mas tem um lado prejudicial nos relacionamentos.

Tive uma conversa despretensiosa com Betsy pouco tempo atrás. Ela disse que frequentemente, quando saio do trabalho, faço um relatório sobre meu dia, um relatório muito mais brilhante do que realmente foi. Tenho um grande negócio paralelo, ajudando a contar a história de marcas de fábrica, por isso eu descrevia como conseguimos um novo cliente importante e, uma hora depois, explicava que tudo não passara de um telefonema introdutório. Para mim, é difícil não falar disso. Queria que ela soubesse que eu estava muito entusiasmado e me saindo bem. Betsy, porém, disse que eu já havia feito isso algumas vezes e que ela só se empolgava quando compreendia a "verdade toda". Essa doeu! Depois disso, comecei a falar menos e a apresentar mais resultados sobre novos negócios. Ela sempre se alegrava ao descobrir que as coisas iam melhor do que eu deixava transparecer. Isso a ajudou a confiar mais em mim.

Uma das lições que Henry Cloud e John Townsend me ensinaram em *Safe People* foi que qualquer forma de trapaça mata a intimidade. A intimidade baseia-se na confiança, por isso qualquer forma de manipulação a destruirá, mais cedo ou mais tarde. A manipulação tornou-se, então, a inimiga. Betsy e eu a víamos na televisão, quase sempre nos novos canais. Víamos noticiários provocando medo sobre o que poderia acontecer, vergonha lançada contra qualquer um que discordasse do apresentador, e intimidação do apresentador para que o convidado concordasse com ele. Um exagero! Na verdade, isso tudo se transformou num jogo. Descobrimos cinco categorias de manipulação e de forma suave, é claro, chamávamos a atenção um do outro sempre que um de nós, ou nós dois, estava sendo manipulador. É terrivelmente difícil parar de fazer isso. Parece que a manipulação é um mecanismo defeituoso no ser humano. Às vezes, em conversas mais sérias, usávamos os cinco tipos de manipulação para corrigir um ao outro. Não queríamos que a manipulação fizesse parte de nosso relacionamento.

Estas são as cinco categorias de manipulação que Betsy e eu identificamos. Fazemos uso de todas elas, mas esforçamo-nos para mantê-las sob controle.

O marcador de pontos

Sempre que, num relacionamento, alguém começa a marcar pontos, o relacionamento começa a morrer. O marcador de pontos faz a vida parecer uma competição, só que não há meios de vencer. Os marcadores de pontos controlam o placar e o ajeitam da maneira como desejam, mas sempre de forma que sejam os vencedores.

Concordo com Harriet Braiker quando ela diz que a manipulação vê o mundo como um jogo cujo resultado é zero a zero. Ela quer dizer que o manipulador não acredita que existam situações em que ambos vençam. Se a outra pessoa vencer, significa que ela perdeu, e ela não tem nenhuma intenção de perder. Os marcadores de pontos registram todos os favores que nos prestaram e os exigem de volta quando querem controlar-nos. Os marcadores de pontos reivindicam o retorno de seus favores dizendo que não lhes devemos nada. Por exemplo: "Você não me deve nada por aquela vez que o deixei no aeroporto, mas vou viajar na próxima semana e...".

Como escritor, ouço esta frase o tempo todo: "Comprei exemplares de seus livros para todos os meus amigos, então será que você poderia comparecer ao meu grupo de leitura?". Se eles não tivessem verbalizado o pedido como se fosse uma troca de favores, eu até concordaria, mas sei que, se ceder a um marcador de pontos, entrarei numa área nebulosa na qual terei de submeter-me às regras de um jogo de cartas marcadas. A verdade é que nos relacionamentos íntimos ninguém marca pontos.

O juiz

Lembro-me de ter jantado com uma amiga muitos anos atrás. Ainda não conhecia a família dela e estávamos apenas querendo nos conhecer melhor. No meio do jantar ela disse uma frase surpreendente:

— Logo chegará o dia em que você vai conhecer minha mãe. Quero que saiba desde já que ela tem razão em quase tudo. E eu detestaria que você discordasse dela.

Respondi:

— Tenho certeza de que ela é uma mulher sábia e fantástica, mas como vamos saber se concordaremos sempre um com o outro? Só o tempo vai dizer.

Naquele momento ela começou a chorar. Enxugou os olhos e disse:

— Você não entendeu. Não quero que discuta com ela.

Posteriormente, quando conheci a mãe dela, percebi que ela controlava as pessoas por meio de julgamento. Minha amiga aprendeu desde criança que sua segurança, alimentação, abrigo e até o amor que recebia dependiam de uma única coisa: a mamãe sempre está certa. E ela simplesmente não conseguia relacionar-se com alguém que ameaçasse aquela segurança.

A personalidade do juiz acredita piamente no certo e no errado, o que é ótimo, mas os juízes acreditam também que são os únicos que decidem sobre o certo e o errado, e tornam-se senhores absolutos dos outros para manter autoridade e poder. O certo e o errado deixam de ser um código moral e transformam-se na coleira e na corrente com as quais prendem as outras pessoas a fim de dominá-las.

Quando a personalidade do juiz é religiosa, ele usa a Bíblia para adquirir controle sobre os outros. A Bíblia passa a ser um livro de regras que ele utiliza para provar que está certo, e não um livro que conduz as pessoas a Deus.

As pessoas normais e mentalmente sãs não gostam de estar erradas, mas estão dispostas a admitir quando erram. Os manipuladores que assumem o papel de juiz têm problemas para explicar qualquer tipo de erro que cometem. A verdade é esta: eles não acreditam de forma alguma que estejam errados. Estar errado significa abrir mão do controle, e os manipuladores não abrem mão do controle.

A realidade, no entanto, é que não podemos ter um relacionamento íntimo e verdadeiro com as pessoas que controlamos. O controle envolve medo. A intimidade envolve risco.

O falso herói

O falso herói manipula as pessoas levando-as a acreditar que ele tem algo melhor a oferecer do que realmente tem. A dificuldade está aqui, porque essa é a minha principal forma de manipulação.

Lembro-me de pelo menos três garotas que namorei e com quem falei sobre casamento e filhos bem antes de ter certeza se queria essas coisas de fato. Minha forma de adquirir segurança era fingir-me de herói, ser um falso herói antes que a verdadeira segurança fosse estabelecida; e eu fazia isso à custa dos outros.

Quando meu namoro com Betsy começou a ficar sério, contei a ela que essa era uma de minhas formas de manipulação. Existe, claro, um lado bom na personalidade do falso herói. Adoro falar sobre o futuro. Adoro sonhar, construir castelos e caminhar em direção a um lugar específico no horizonte. Mas o lado mau da personalidade visionária é que ela pode levar as pessoas a acreditar que têm um futuro com elas quando talvez seja impossível, ou quem sabe irreal, tornar essa visão verdadeira. Você pode estar lidando com um falso herói quando o futuro descrito por ele parece bom demais para ser verdade. Se pudesse voltar no tempo, eu me sentaria com alguns funcionários ou namoradas que tive e cochicharia ao ouvido deles que mantivessem distância de mim.

O intimidador

Visitei Uganda alguns anos atrás durante o verão e, enquanto estive lá, encontrei-me com alguns membros do poder judiciário que estavam preparando uma nova constituição e uma nova democracia. Eles ainda se recuperavam do reinado de um intimidador, talvez o mais perigoso implacável de todos. Idi Amin Dada governara o país por quase uma década, dedicando-se à exterminação extrajudicial de inimigos políticos. Calcula-se que entre cem mil e quinhentos mil ugandenses foram assassinados sob o regime de Amin.

Os intimidadores usam o medo para governar, fazendo o povo sofrer as consequências da insubordinação. O mantra do intimidador é este: se você não se submeter a mim, vou transformar sua vida num inferno.

Os intimidadores manipulam o povo, levando-o a acreditar que eles são poderosos. Eles nunca são vulneráveis e temem ser vistos como fracos. Os intimidadores são incapazes de demonstrar vulnerabilidade e, portanto, incapazes de amar.

Pouco tempo atrás, assisti a um documentário sobre a crise atual da Igreja Católica. Centenas de padres ao redor do mundo estão sendo acusados, e até sendo considerados culpados, de molestar meninos. Muitos psicólogos acreditam que essa prática tem pouca ligação com a homossexualidade; em vez disso, baseia-se no desejo de dominar os outros, presente em certos tipos de personalidade. De acordo com alguns psicólogos, esses padres específicos e perturbados molestam os meninos para exercer controle sobre eles e sentir satisfação por dominar os fracos, mesmo que seja sexualmente.

Você descobre que é intimidador quando destaca o conceito de lealdade de forma exagerada. A lealdade é uma virtude, claro, mas a lealdade do intimidador poderia ser mais bem descrita como submissão completa e total. Os intimidadores cercam-se apenas de pessoas submissas. Em troca da submissão, os intimidadores oferecem força e proteção, o que, para muitas pessoas, é uma segurança que elas trocam por sua liberdade. É fácil encontrar um intimidador: ele está sempre rodeado de um grupo de personalidades medrosas e submissas que fazem sua vontade.

Lembro-me que, quando eu era menino, nossa pequena igreja trouxe um novo pastor, um homem imponente, de voz estrondosa, que adorava pregar sobre a ira de Deus e a ameaça do inferno. O título de seu primeiro sermão foi "Escolha aqueles em quem você confia e confie naqueles que escolheu". Em outras palavras, "nunca questione nem conteste minha autoridade". Bastaram alguns anos para o pastor destruir nossa comunidade. Ele destituiu todos os presbíteros do cargo e depois todos os funcionários da igreja. O único presbítero que lhe fez objeção foi publicamente disciplinado, a tal ponto que cometeu suicídio. O novo pastor colocou no saguão do templo uma lista dos membros dizimistas e não dizimistas, para que todos vissem quem estava ofertando dinheiro à igreja e quem não estava. A esposa dele era uma mulher promíscua e os filhos, infelizes e sem esperança. Com o tempo, foi convidado a deixar a igreja. Posteriormente, deu início a uma organização cuja finalidade era unir os cristãos para assumir o comando do governo. Sua família estava destruída, mas nada era capaz de detê-lo. E ele continua a causar destruição até hoje.

Quando você tem medo de discordar de alguém ou de desafiar sua autoridade, provavelmente está na presença de um intimidador.

O dramático

Você já assistiu a uma partida de futebol na qual os jogadores caem no gramado de forma dramática para que o adversário receba cartão amarelo? Ou, então, já viu um jogo de basquete no qual o jogador é levemente empurrado, mas escorrega na quadra como se tivesse sido atingido por um carro? Se sim, viu um dramático em ação.

Dramático é alguém que finge exageradamente sua condição de vítima a fim de conquistar simpatia e atenção.

Os dramáticos assumem o papel de vítima sempre que possível. Trata-se de uma forma poderosa e destrutiva de manipulação. Para ser vítima, a pessoa necessita de um opressor. Se você passar a relacionar-se com um dramático, mais cedo ou mais tarde será o opressor.

A palavra dramatizar talvez pareça inocente, mas não é. As vítimas verdadeiras são as que perdem por causa dos dramáticos. Neste mundo, há pessoas das quais os outros se aproveitam todos os dias, e os dramáticos roubam as vantagens que elas possuem, fingindo ter sido feridos emocionalmente a fim de controlar quem os rodeia. O mantra interno do dramático é mais ou menos este: se alguém me ofendeu, é meu devedor, e posso controlá-lo quando eu quiser.

As falsas vítimas são, elas mesmas, opressores passivos. Procuram controlar a outra pessoa fazendo-a sentir-se culpada pelo que fez. Eles não querem reconciliação; querem controle. Repetindo, isso requer a atenção das pessoas que foram verdadeiramente ofendidas e se sentem indefesas.

A vítima verdadeira é alguém que não tem saída e não está no controle. O dramático tem muitas maneiras de sair da situação, mas não sai por causa do poder que isso lhe dá. Se você se sente constantemente responsável pelo sofrimento de alguém mas não consegue descobrir a causa, provavelmente está se relacionando com um dramático.

Eu estaria mentindo se o levasse a acreditar que fui manipulador um dia e me recuperei imediatamente. A verdade é que precisei de ajuda. Depois de tantos relacionamentos fracassados, finalmente tive de enfrentar a realidade de meus problemas.

Não bastou, porém, buscar ajuda em Onsite. Nem em pessoas como Betsy e meu amigo David.

Betsy e David sempre dizem a verdade. Não existe nem um pingo de artimanha neles. Isso seria coação. Nunca vi nenhum deles exagerar, dramatizar, intimidar ou romancear uma circunstância além do que é real e verdadeiro.

Eles, porém, oferecem mais uma coisa, e penso que foi o que me ajudou a aprender a ser mais verdadeiro. Oferecem graça. A graça da qual falo é que eles supõem que sou um grande sujeito, um homem tentando descobrir alguns aspectos da vida, e mostram-me educadamente os erros de minha caminhada.

Posso contar nos dedos da mão quantas vezes me senti julgado por Betsy. Ela possui esse jeito mágico e especial de aguardar a hora certa para apontar um de meus erros. E sempre fala deles como se quisesse que eu fosse um homem mais forte e melhor, e que nosso relacionamento também fosse melhor. Não sei explicar isso exatamente, mas assemelha-se a um treinador orientando um atleta. O atleta nunca se sente fraco. O treinador, porém, vê coisas que o atleta não vê; ele torna o atleta mais forte.

Foi nesse ambiente alimentado pela graça, na companhia de Betsy e David, que finalmente comecei a mudar.

Digo isso porque a lista que apresentei a você é perigosa. Meu velho "eu" teria pegado aquela lista e usado como munição para um tiro certeiro. Teria atirado contra os manipuladores e anotado todos os seus erros, o que faria de mim um manipulador maior ainda.

Hoje, quando vejo um manipulador, não me sinto no direito de julgá-lo. Se ele quiser trabalhar comigo, permaneço a distância, embora isso não me impeça de gostar dele. E, se acontecer de eu estar próximo a ele, ganhar sua confiança e ele demonstrar que deseja fazer descobertas por conta própria, dou-lhe algumas orientações de vez em quando. Mas oriento como se fosse um treinador conversando com um atleta, com todo o respeito e admiração. É difícil ser humano. É muito difícil. Ninguém precisa de um juiz ou de um marcador de pontos mostrando seus erros o tempo todo.

No livro *Safe People*, Henry Cloud e John Townsend definem o que significa uma pessoa digna de confiança. Dizem que se trata de alguém que fala a verdade com delicadeza. Gosto disso. E, para um manipulador como eu, a única esperança de vir a ser uma pessoa digna de confiança era cercar-me de pessoas dignas de confiança.

10
Lucy na cozinha

Betsy e eu viajamos a Los Angeles no mês passado para visitar meus amigos Marshall e Jamie. Eles são nosso segundo casal de amigos que tiveram gêmeos recentemente. As crianças nasceram prematuramente e tiveram de passar mais um mês no hospital. Não pesavam muito mais que um balão de gás, por isso precisaram ficar sob os cuidados das enfermeiras para que seus pulmões se desenvolvessem a contento. "Isso costuma acontecer com gêmeos", Marshall disse. "Eles ainda não se desenvolveram completamente, mas todos os sinais são positivos." Eu estava com tosse naquele dia, então não pude ver os bebês. Betsy lavou as mãos com escova numa pia enorme e teve praticamente de vestir roupa de borracha para carregá-los no colo. Quando saiu, disse que eram minúsculos e rosados como *hamsters* e... Ah, frágeis demais. Disse também que as bocas pequeninas se abriam o suficiente para dar um grito, mas o som era quase inaudível.

Marsh e Jamie estavam cansados. Ambos eram atores de programas de televisão e haviam tirado licença do trabalho para morar perto do hospital. Caminhamos juntos até uma lanchonete onde serviam tacos mexicanos, e mesmo estando a uns quatrocentos metros de distância dos bebês, o coração deles os empurrava de volta ao hospital. Ambos demonstravam cansaço no semblante, como se quisessem deitar-se na cama com os bebês e sonhar ao som da respiração deles.

Comemos os tacos porque os pais precisavam alimentar-se. Conversamos sobre os estágios da vida e Jamie desculpou-se por parecer cansada e brincou com Betsy que a vida dela seria assim dali em diante: tacos, moletons, bombas tira-leite e noites sem dormir. Disse que toda a beleza de apaixonar-se, de apresentar-se, de flores e de caminhadas na praia se transformara em orações cheias de preocupação e dormidas no carro do lado de fora do hospital até o horário de visitas começar. Mesmo enquanto dizia isso ela sorria, dando a entender que o sacrifício é que torna a história bonita. Difícil, mas bonita.

Conversamos normalmente sobre o significado de ser pai ou mãe, sobre como nosso modo de ver a vida muda e assim por diante. De repente, Jamie disse algo que nunca ouvi um pai ou uma mãe dizer:

— Sabe, Don, passei a vigiar o que as pessoas dizem a meus filhos. É surpreendente a quantidade de pessoas que já querem nomeá-los.

Eu lhe disse que não entendi o que ela estava dizendo, e ela explicou:

— Elas pegam meu filho e dizem algo mais ou menos assim: "Ah, veja só, você vai ser um pequeno rebelde. Vai causar confusão para todo mundo, não? Vai ser uma bomba prestes a explodir".

— OK — repliquei, depois ter ouvido milhares de pessoas dizerem a mesma coisa a milhares de bebês. Jamie disse que aquilo a deixava furiosa.

— Ninguém vai rotular meus filhos — ela disse. — Pelo amor de Deus, eles nem saíram do hospital!

Jamie contou que, assim que alguém faz isso, ela tira o bebê educadamente do colo da pessoa e, assim que a pessoa vai embora, cochicha ao ouvido do bebê que ele não deve dar atenção a essa gente, que ele crescerá e será aquilo que desejar, e que ninguém tem o direito de dizer quem ele é, a não ser Deus.

Marshall concordou. Contou que, antes do nascimento dos gêmeos, ele se considerava um provedor e protetor, alguém responsável por proteger o mundo físico ao redor das pessoas que amava. Depois do nascimento das crianças, porém, percebeu que aquilo representava 10% da batalha. Na verdade, ele teria de proteger a identidade dos gêmeos. Disse que sua prioridade era permanecer entre os filhos e o mundo e lutar contra todas as mentiras.

A história toda me fez lembrar uma lição que aprendi com Lucy, minha cadela. Lucy é uma labradora chocolate com coração medroso.

Na verdade, quando a adquiri, havia acabado de ler o livro *Marley & Eu* e, naquele livro, John Grogan é informado de que, quando tivesse de escolher um cão na ninhada, ele deveria dar um grito para ver quais eram os medrosos e quais eram os corajosos. O pai de John dissera que ele deveria escolher o cão mais corajoso porque é o cão alfa, o líder. John seguiu as instruções e comprou Marley, que, apesar de ser adorável, também mordeu todos os móveis da casa e cavoucou metade do quintal. A certa altura, John teve de seguir Marley por todos os lugares, peneirando suas fezes para encontrar uma joia de sua mulher.

Depois de ler o livro, decidi fazer o contrário. A mãe de Lucy morava numa cabana de madeira na Garganta do Rio Columbia, ao pé da cachoeira. Sentei-me perto da ninhada e cocei as orelhas da mãe dela. Os filhotes aproximaram-se de mim, colocaram as patas em minhas pernas e morderam os cadarços de meus sapatos. Dei um grito e os filhotes saíram correndo, mas nenhum correu mais rápido que Lucy. "É esta aqui", eu disse à família proprietária da cabana.

Nunca me arrependi disso. Não há nenhuma necessidade de disciplinar Lucy. Quando me decepciona um pouco, ela percebe e choraminga encostada a meus tornozelos como se estivesse pedindo desculpa. Posso contar nos dedos da mão as vezes que tive de colocar-lhe uma coleira.

Só estou contando isso porque, alguns anos atrás, acolhi uma amiga em minha casa por uma semana enquanto eu viajava. Ela convidou algumas amigas para uma festa e penso que alguém assustou Lucy.

Levei alguns dias para perceber, mas, certa noite, enquanto preparava o jantar, notei a ausência de Lucy. Normalmente ela se deita no chão da cozinha, esperando que caia alguma sobra de alimento, mas não a vi em seu lugar habitual. Procurei-a na sala de estar e ela não estava lá; também não estava na sala de jantar. Encontrei-a no quarto, meio escondida embaixo dos travesseiros, trêmula.

Sentei-me ao lado dela tentando descobrir o que a assustara, mas não percebi nada. Depois de mais ou menos uma hora ela voltou ao normal, porém agiu da mesma forma na noite seguinte enquanto eu preparava o jantar. Depois de um tempo percebi que todas as vezes que ouvia uma panela ser retirada da gaveta sob o fogão, ela corria para o quarto e se escondia. Eu me sentava ao lado dela todas as noites, coçava-lhe as orelhas e falava baixinho, mas o estrago estava feito.

Não sei ao certo o que aconteceu, mas provavelmente uma das amigas de minha amiga decidiu ensinar Lucy a não entrar na cozinha. Ou então puseram em prática um truque a respeito de cães: se os deixarmos assustados eles farão o que quisermos.

Aquilo, porém, me aborreceu. Não gostei de saber que alguém havia treinado minha cadela, que alguém a perturbara. Não gostei de saber que todas as noites ela teria de sentir pavor sem motivo algum.

Sei que Lucy é apenas uma cadela, mas a experiência me fez pensar no grande número de pessoas que passaram a ter medo de alguma coisa por causa de alguém com segundas intenções.

Quando se trata de um cão ou de uma cadela, tudo é muito simples. Basta assustá-los e eles correm para se esconder. Quando se trata de pessoas, no entanto, é mais complicado. Os manipuladores atacam a identidade das pessoas para manipulá-las. Batem os potes e as panelas das mentiras para dizer quem são, para mostrar que são aterrorizantes, e fazem suas vítimas correrem trêmulas para o quarto.

Como escritor, recebo esse tipo de tratamento de vez em quando. Vários livros meus abordam minha caminhada de fé, e, quando falamos de religião, sem dúvida entramos na cozinha de alguém.

Considero-me um ser pensante conservador, porém, ao mesmo tempo, um ser pensante de mente aberta. Novas ideias não me assustam. Ideias apavorantes não me assustam nem um pouco. De vez em quando, ao longo dos anos, um ou outro teólogo irado faz um discurso bombástico contra mim. É um pouco desagradável. E desconfio que não estão tentando apenas me rotular, mas, sim, me assustar. Se não concordo com eles, estou destinado a ir para o inferno. Se não concordo com eles, sou uma pessoa horrorosa. E, até certo ponto, eles são assustadores. Um teólogo que me perseguiu foi demitido do seminário no qual trabalhava por questões relacionadas a raiva.

Algumas pessoas caem nessa. Já passei pela experiência de ver alguém aparecer na noite de autógrafos e distribuir folhetos dizendo que faço parte de um grupo de pensadores que está tentando destruir os Estados Unidos. O boato espalha-se em *sites*, *blogs* e em redes sociais. De repente estou envolvido com uma turma de teólogos liberais de quem nunca ouvi falar. Essa gente está convencida de que somos um grupo de amigos que se reúne em cavernas para planejar conspirações.

O mais triste, no entanto, é que comecei a duvidar de quem eu realmente era. Eu era má pessoa? Minhas ideias eram perigosas? Será que havia somente dois grupos no mundo, o grupo dos mocinhos e o grupo dos bandidos, e eu fazia parte do grupo dos bandidos?

Além de me sentir uma pessoa má, esse rótulo dificultou ainda mais meu relacionamento com os outros. Quando conhecia uma pessoa, perguntava-me se o olhar dela queria dizer que pensava que eu era má pessoa. Depois de um ano ou pouco mais, comecei a querer afastar-me dos outros. Passei a ser igual a Lucy, correndo para o quarto. Todas as táticas de impor medo estavam funcionando. Eu estava sendo atirado para fora da comunidade. Conforme disse antes, quando não acreditamos que somos bons ou dignos de ser amados, nós nos isolamos.

Tive um amigo que foi atacado durante mais de um mês por uma pessoa bastante conhecida da TV a cabo. Meu amigo escreveu um livro incentivando os cristãos a trabalhar em prol da justiça social, e o apresentador do programa rotulou-o de socialista. Disse que meu amigo era um dos inimigos dos Estados Unidos e, no fundo, difundiu medo entre muitas pessoas, que pensaram que meu amigo fosse o anticristo. O apresentador falou de meu amigo por quase um mês e colocou o nome dele em sua lista negra.

No auge daquilo tudo, meu amigo visitou-me em casa e disse que pouco do que apresentador dizia era verdade, mas que suas palavras estavam prejudicando muito sua família. Os admiradores do programa, mal orientados e zangados, estavam lhe enviando cartas com ameaças de morte, e sua esposa temia que lhes acontecesse o pior. No entanto, meu amigo tomou o rumo certo. Só respondia às perguntas do apresentador sobre a questão em si, citando a Bíblia, sem levar o caso para o lado pessoal. O apresentador continuou a persegui-lo, mas meu amigo continuou a oferecer a outra face até que, finalmente, o apresentador desistiu.

E os responsáveis por provocar dramas não são apenas os conservadores que rotulam as pessoas. Quando me encontrava em DC à procura de Betsy, fui a um churrasco numa casa em Capitol Hill. Quase todos eram amigos de Betsy, por isso acabei por conversar com um sujeito que também não conhecia muitas pessoas presentes na comemoração, um estrategista político do Partido Democrata. Ele faz comerciais para senadores e candidatos ao governo, basicamente atacando seus adversários. Você pode ter imaginado um homem arrogante e sarcástico, mas ele não era. Foi atencioso, educado e até lamentou um pouco o que fazia para ganhar a vida. Certamente acreditava que havia algo de bom naquilo tudo, porém, quanto mais ele falava, mais eu reconhecia um senso de convicção acerca das táticas que empregava.

— Minha função é deixar os idosos do sul da Flórida apavorados, convencendo-os de que o plano médico oferecido pelo governo lhes será tirado — ele disse.

— É verdade? — perguntei.

— Não é bem assim — ele respondeu com um pouco de culpa no olhar. — Essa, porém, não é a pior parte. A pior parte é o que todos nós fazemos uns aos outros. Quando uma campanha alcança nível nacional, torna-se desumana. De ambos os lados. Você deve pensar que esses candidatos são fortes o suficiente para assimilar isso, mas ninguém é capaz. Todos os dias, em algum canal de televisão, as pessoas estão sendo enganadas. O povo vira as costas e afasta-se deles no supermercado, puxa os filhos para perto de si. Tenho visto homens poderosos reduzidos a lágrimas. Tenho visto isso acontecer com meus candidatos e, lamento dizer, tenho feito o mesmo aos outros.

Conversamos por quase duas horas. Ele comentou que, quando era jovem, a história era quase divertida. Era uma guerra. Mas já está maduro o suficiente para enxergar os estragos.

As palavras mais assustadoras que ele disse foram estas:

— Don, você se surpreenderia se soubesse como é fácil convencer o povo americano de que um homem bom é um demônio.

Acrescento estas palavras à mistura: creio que Deus admira as pessoas que se conectam e penso que o inimigo de Deus seja admirador das pessoas que se dividem em tribos paranoicas. Penso, também, que o som estridente dos potes e panelas na cozinha para nos assustar e nos fazer sair do território que queremos defender esteja nas mãos de forças das trevas. Penso muito que a metodologia vergonhosa baseada na religião e na política esteja muito mais relacionada a confinar as pessoas que a libertá-las. E não sou admirador disso.

Na semana passada eu estava escrevendo num café quando um velho amigo entrou no recinto. Não conversava com ele havia meses, mas os boatos fervilhavam. Ele enganara a esposa e o casal estava se divorciando. Pior, a mulher com quem ele saía também era casada, então meu amigo se via nas trincheiras entre dois cônjuges legitimamente irados e um exército de advogados.

Ele aproximou-se de mim e dei-lhe um abraço. Sentou-se e perguntou se eu sabia de alguma coisa. Respondi que ouvira histórias. Ele disse que provavelmente não eram verdadeiras. Que lamentava muito. Que não sabia como tudo terminaria, não sabia se estava realmente arrependido, não sabia mais de nada. Às vezes nossa identidade torna-se distorcida porque as pessoas mentem a respeito de nós e nos assustam, e outras vezes nossa identidade torna-se distorcida por causa daquilo que fazemos. O resultado, porém, é o mesmo. Isolamento. Tribos paranoicas.

Enquanto contava partes da história, meu amigo descreveu a destruição que ocorre quando traímos um coração. Quanto mais fundimos nossa alma com a alma de alguém, tanto mais provocamos estragos se agimos traiçoeiramente. Poucas pessoas conversavam com ele. Ele entendia por que sentiam raiva. Não estava fazendo papel de vítima. Parecia não estar orgulhoso nem triste, mas certamente confuso. Contrito, talvez, mas confuso. E quem não passou por isso depois de ter provocado um estrago?

Eu não sabia o que lhe dizer, mas sabia que havia uma guerra sendo travada em sua alma, uma guerra por sua própria identidade. Sabia que ele se tornaria uma Lucy escondida no quarto ou outro cão qualquer mordendo a perna do batedor de panelas.

Eu costumava ficar bravo com homens que cometiam erros como os de meu amigo. A vida deles parecia tão tenebrosa, e até maligna, que eu queria distância deles. Pensava dessa maneira até o dia em que um conhecido meu cometera um erro semelhante e fora escorraçado. Bem quando todos se esqueceram dele, recebemos a notícia de seu suicídio.

Quem sou eu para julgar? Quando me telefonou para encorajar-me por causa dos erros que eu havia cometido referentes a relacionamentos, meu amigo Bob não o fez para condenar-me, como muitos já haviam feito. Bob me procurou para ser um raio de luz num quarto escuro, em direção ao qual eu poderia rastejar. Por isso, disse a meu amigo algo mais ou menos parecido com as palavras de Bob:

— Não sei ao certo tudo o que você fez, só sei que algumas pessoas o odeiam. Mas penso que você é muito bom em relacionamentos.

Meu amigo olhou confuso para mim. Riu um pouco, depois suspirou e em seguida entristeceu-se.

— É verdade que você é péssimo em relacionamentos — eu disse —, mas também é verdade que você é bom em relacionamentos. As duas coisas são verdadeiras, meu velho amigo.

Trouxe-lhe à memória todas as pessoas que o amavam e todas as pessoas que ele amava. Disse que achava injusto um homem ser julgado pelo erro de um momento, de um período de tempo. Somos mais complicados que isso.

Por certo meu amigo terá de enfrentar as consequências de seus atos, e elas serão cruéis. Ele está sendo podado, por assim dizer. Seus galhos estão sendo cortados. Mas espero que ele não viva remoendo seus erros o tempo todo, como muitas pessoas fazem.

Minha esperança é que uma poda firme ajude a produzir um homem forte e sensível, um homem que entenda a si próprio, as pessoas e a natureza do amor de forma bem melhor que antes de cometer o erro. Creio nesses milagres.

Não sei exatamente o motivo, mas as pessoas que possuem alto nível de autoestima são as melhores na vida íntima com alguém. Não estou falando de pessoas arrogantes, mas de pessoas que sabem que têm pontos positivos e pontos negativos e, mesmo assim, acreditam de coração que fazem bem aos outros.

É maravilhoso quando a pessoa desperta para essa realidade, quando percebe que Deus a criou para que os outros gostem dela, e não para que apenas a tolerem.

Eu diria que uma das razões para dizer por que Betsy tem bons relacionamentos é que, na maioria das vezes, ela acredita sinceramente que faz bem aos outros. Repito, não é arrogância. Ninguém que a conhece a considera orgulhosa. Ainda assim, ela sabe que, quando se aproxima de alguém, provavelmente tornará melhor a vida dessa pessoa. Betsy ensinou-me a dominar a língua. Ajudou-me a revirar os olhos diante de um drama provocado por alguém. Ajudou-me a entender que na vida é mais importante aproximar-se das pessoas que competir com elas. E não me ensinou tudo isso diretamente. Ela não tenta modificar as pessoas, mas sabe que, quando passam tempo juntas, tornam-se parecidas umas com as outras. Duvido que ela tenha consciência do bem que faz às pessoas à sua volta.

Uma das melhores conversas que tive com Betsy ocorreu quando lhe perguntei por que ela achava que eu lhe fazia bem. Eu vinha pensando nisso havia muito tempo, mas nunca abordara o assunto. Podia enumerar tudo o que ela fazia de bom para mim, mas não sabia por que eu era bom para ela.

Fiz a pergunta enquanto passeávamos com Lucy perto do Capitólio. Ela riu por um momento.

— Você está falando sério? — perguntou. — Não sabe mesmo?

— Acho que não — respondi.
Fiquei feliz por finalmente ter feito a pergunta. A resposta de Betsy mudou meu modo de pensar. Ela me ajudou a acreditar que, além de fazer bem às pessoas, eu era excelente para elas. Disse que eu tinha um jeito de não me aturdir quando a situação ficava tensa e que aquilo trazia paz para sua vida. Disse que eu amava aventuras e que, sem mim, sua vida seria muito pouco empolgante. E que, desde que começamos a namorar, ela havia parado de se questionar se era bonita, porque eu dizia todos os dias que ela era bonita. Prosseguiu falando e explicando por que eu estava fazendo dela uma pessoa melhor.

Pouco depois dessa conversa, descobri que estava gostando muito mais de estar na companhia de outras pessoas. Se antes eu tinha dificuldade em tomar uma xícara de café com alguém, agora começava a gostar de compartilhar algumas histórias. Percebi que um dos motivos para eu ter vivido tão isolado era o fato de acreditar, no subconsciente, que não fazia tão bem assim às outras pessoas.

Estou dizendo a verdade. Se nossa identidade for quebrada, teremos problemas em nos conectar com os outros. E penso que talvez sejamos melhores na convivência uns com os outros do que imaginávamos. Sei que não sou perfeito, mas me pergunto quantas pessoas não estariam reprimindo o amor que poderiam oferecer somente por acreditar, no íntimo, que cometeram erros fatais.

Isso tudo me faz lembrar de uma cena no filme *O homem que mudou o jogo*, na qual o presidente do time de beisebol Oakland A's está enfrentando uma crise de identidade. Billy

Beane e seu amigo Peter reformularam completamente a equipe, usando um modelo no qual estudavam as estatísticas em vez de usar os próprios instintos para decidir quais jogadores deveriam entrar em campo. E o sistema funcionou. O A's começou lento, mas terminou sendo o vencedor de sua divisão, chegando a um recorde de vinte vitórias consecutivas. Billy Beane mudou completamente e para sempre a visão dos gerentes a respeito do jogo.

No final, porém, o A's não venceu a Série Mundial, e Beane sentiu-se um perdedor. Ele acreditava que, se alguém não era o melhor, não era bom, e ficou amuado. Chegou a receber um convite do Boston Red Sox para assinar um contrato de US$ 12 milhões para administrar o time, mas aquilo não era suficiente para convencê-lo de que ele era bom. Finalmente, seu amigo Peter chamou-o na sala de exibição de filmes e o fez sentar-se.

— Quero que você veja uma coisa, Billy.

— Não quero ver nenhum filme — ele respondeu.

— Veja só este — Peter disse. E começou a rodar o vídeo de um jogador de beisebol do AA Diamondbacks que pesava quase 110 quilos. Ele era conhecido não apenas por ser um batedor de muita força, mas também por ser lento e medroso demais para contornar a primeira base.

No vídeo, o jovem jogador de beisebol lança a bola com vigor e se sente tão bem com isso que decide que vai repetir a jogada. Mas ocorre uma tragédia. Quando gira o corpo pela primeira vez, ele tropeça e cai de bruços no chão. Seu pior pesadelo tornou-se realidade. Ele tentou e fracassou.

Peter pausou o vídeo e ficou indo e voltando pela cena para que Billy pudesse ver como o jogador parecia engraçado ao cair sobre a base.

— Ah, que tristeza — Billy disse. — Todos estão rindo dele.

Peter, porém, deixou o vídeo rodar e pediu a Billy que continuasse vendo. Quando o câmera se aproximou do jogador, que tentava sair do lugar, para ver se ele estava bem, o jogador da primeira base curvou-se sobre ele pedindo que se levantasse e continuasse a correr. O jogador caído no chão parecia confuso, com o capacete quase lhe cobrindo os olhos. "Você fez um *home run*", o jogador da primeira base gritou. "Lançou a bola a 1,5 metro da cerca do fundo do campo."

Billy não disse nada. Continuou sentado, pensando no vídeo que ainda rodava no computador de Peter.

Você nem sequer sabe que fez um *home run*, Peter queria dizer.

Uma vez ou outra, penso naquela cena quando me encontro com alguém que mentiu ou cometeu alguns erros e cuja identidade está encarcerada.

"Eles não sabem", penso. "Não sabem que podem continuar a viver, a amar e a se conectar com as pessoas. Não sabem quem são e do que são capazes."

Eles não sabem como sua cura poderia fazer bem às pessoas que os rodeiam. Alguém os alcançou e os deixou paralisados.

11
O risco de ser cuidadoso

Passei vinte anos em Portland antes de mudar-me para DC para ficar com Betsy. Fomos amigos durante muitos anos e namoramos a distância por seis meses antes de eu tomar a decisão de ir atrás dela.

Nunca pensei que deixaria Portland. Adorava aquela cidade. Há uma sensação de liberdade em Portland que não encontramos em muitos lugares. Em Austin há um pouco de liberdade. Em Boulder respira-se liberdade. Em Nashville a liberdade resplandece. Não se trata apenas de ideias *hippies*. É outra coisa, uma sensação de que todos os cidadãos do país estão sendo forçados a comprar apenas alguns tipos de roupa, ouvir um ou dois estilos musicais diferentes e ver os mesmos programas de televisão, ao passo que nessas cidades inusitadas, nesses bastiões de liberdade, as pessoas desligam a televisão para perceber que há mais que opções binárias para se escolher. Não precisamos ser conservadores, liberais, religiosos, ateus ou divididos nesta ou naquela categoria.

Podemos ser nós mesmos, um conglomerado de crenças e opiniões matizadas.

Dito isso, foi triste dar adeus a Portland. Coloquei meus pertences num depósito, comprei uma *van* e segui para o leste durante uma rara tempestade de neve. Encaixei um estrado de madeira no banco do passageiro para Lucy, cobri-a com uma manta que minha avó me deu e partimos, como fez John Steinbeck em *Viajando com Charley*. O plano era passar um ano em DC e depois mudar para Nashville, com grandes esperanças de ter Betsy a meu lado.

Tive de morar em Nashville porque minha empresa estava crescendo e todo o pessoal morava em Nashville; então, independentemente do que aconteceu, foi para lá que acabei indo.

Sinceramente, sem a esperança de Nashville, talvez não tivesse sobrevivido a DC.

A princípio, não se nota nenhum aspecto especial. É uma bela cidade, sem dúvida, e nunca me esquecerei da noite em que Lucy e eu lá chegamos. Entramos na Constitution Avenue e avistamos a cúpula do Capitólio brilhando como um bolo de noiva a distância. Os museus passavam pela janela de Lucy como se fossem templos gregos, e até ela ficou hipnotizada com a grandeza da cidade. O mármore parece brilhar de dentro para fora quando é iluminado da maneira correta, não? E, depois de ter rodado por estradas durante semanas, passando por muitas cidadezinhas e acampando em muitos parques, confesso que me emocionei ao me lembrar de que me encontrava onde o milagre dos Estados Unidos começara.

Foi maravilhoso ver Betsy, é claro. Ouvir sua voz e sentir o cheiro de seus cabelos trouxe-me à memória a sensação de estar em casa. Conheci as moças com quem ela morava. De acordo com Betsy, elas me aprovaram e suas perguntas iniciais foram suaves e simples. Eu tinha um trabalho, sim. Não estava saindo com outra pessoa, não. Tomava uísque e amava Jesus, sim. Não estava vendendo panelas com a *van*, não.

Naquela mesma noite, Betsy e eu entramos na *van* e percorremos dez ruas até chegar a um apartamento que ela encontrara para eu alugar. Era um edifício de arenito pardo, dividido em três unidades. No apartamento, havia uma cozinha instalada numa parede de tijolos, um *closet* transformado em lavanderia e uma cama encostada à parede. O lugar deixava muito a desejar e, mesmo assim, o aluguel era quase o dobro das parcelas de minha antiga hipoteca. Aqueles apartamentos minúsculos, localizados a alguns quarteirões do Capitólio, eram alugados pelos senadores, onde eles dormiam nos dias em que passavam em DC. Havia SUVs pretos por todos os lados, sempre com o motor funcionando e homens de terno olhando através de vidros escuros. Havia também câmeras nos postes.

Transportamos minhas roupas, cobertores e caixas de livros ao apartamento, e Betsy e eu acomodamo-nos à rotina em DC. Foram tempos espetaculares, com certeza. Betsy me ligava todas as manhãs antes de sair para o trabalho, e no fim do dia eu tomava uma ducha e escrevia um pouco antes de levar Lucy para um passeio no Ebenezer's, onde eu tomava um café enquanto Lucy fazia suas necessidades no gramado no outro lado do edifício da Comissão de Valores Mobiliários. Eu limpava tudo com muito estardalhaço, temendo que os caras dentro dos SUVs me prendessem.

Todas as tardes, após meu segundo horário de escrita, levava Lucy ao rio Potomac, onde ela nadava depois de pegar as bolas de tênis que eu atirava do cais. Betsy ia ao nosso encontro no final do expediente. Passamos dias incontáveis sentados em cadeiras de praia à beira do rio.

Só depois de um mês foi que notei um pormenor. Não se referia exatamente a Betsy, mas à cidade inteira. Acontece que afetava Betsy e meu relacionamento. Os habitantes de DC, por motivos que não consegui descobrir, não se abriam com estranhos com facilidade. Notei pela primeira vez quando contei uma piada e o grupo com quem eu conversava entreolhou-se para saber se era correto rir. Uma das pessoas deu uma espécie de risadinha e mudou de assunto, como se quisesse livrar-me de um constrangimento, embora eu não desejasse isso. A história toda fez que eu me lembrasse de ter crescido num ambiente legalista e religioso.

As piadas foram apenas um detalhe. Parecia que as pessoas só queriam comer em restaurantes pré-aprovados, ouvir músicas que os outros consideravam populares, ou, compreensivelmente, expressar opiniões políticas que atraíssem a atenção de um conjunto demográfico mais amplo.

Não havia praticamente nenhuma expressão das próprias ideias ou sentimentos. Não havia expressões artísticas nos metrôs, não havia poesias espalhadas nos ônibus, não havia nenhuma arte local, a não ser pinturas de flores. E o guarda-roupa de todo mundo parecia ter sido roubado da Casa Branca durante o mandato de Ronald Reagan.

Eu havia feito um pequeno trabalho em DC alguns anos antes, por isso tinha um amigo na cidade. Durante um almoço, perguntei-lhe por que o povo de DC tinha receio de se expressar. Meu amigo, que trabalhara na Casa Branca, respondeu à minha pergunta inclinando a cabeça em direção à janela. Virei a cabeça e avistei a imponente cúpula do Capitólio do outro lado do gramado.

— Pense um pouco, Don — ele disse. — Todos os dias, cinquenta mil pessoas descem desses edifícios e andam pelas ruas vizinhas à sua. E cada uma delas trabalha para alguém que não tem permissão para se expressar. Esta é uma cidade na qual todos seguem um roteiro predeterminado. Você passa a ser quem as pessoas desejam que seja, ou então perde o emprego.

De repente, DC fez sentido para mim.

Para mim e para Betsy, aquilo demandaria concessões e compreensões. Conforme já mencionei, se você quiser deixar Betsy furiosa, critique as pessoas que ela ama. Betsy tem uma fidelidade canina em relação a seus amigos. Recebi permissão para criticar DC uma vez; depois, tive de moderar minha linguagem. Daí em diante, as conversas passaram da crítica a DC para os papéis que a vulnerabilidade e a autoexpressão exercem nos relacionamentos.

Tenho a tendência de relacionar-me com mais facilidade com dois tipos de pessoas: as que criam algo e as mais vulneráveis. As duas árvores têm a mesma raiz, penso, e essa raiz é a disposição para correr riscos.

Justiça seja feita, muitas pessoas dizem que dou muita ênfase à autoexpressão. Algumas dizem que vulnerabilidade é apenas uma característica a mais que desenvolvi para criar uma aura impressionante em minha personalidade.

Provavelmente essas pessoas estão certas. Houve ocasiões em que me revelei exageradamente para parecer interessante. Funciona para mim. Principalmente nos livros. Não sou como as pessoas que compram essas coisas por causa das ilustrações.

A vulnerabilidade tem me auxiliado muito. É uma das poucas formas que utilizo para conectar-me com os outros, inclusive com os leitores. É impossível contar o número de pessoas que leram um de meus livros e escreveram cartas dizendo essencialmente: "Eu também". Dizem-me que se sentiam sozinhas no mundo até lerem meu livro. E, para dizer a verdade, essas cartas fazem que eu me sinta menos solitário também. Afinal, ninguém escreve livros em comunidade. Todas aquelas palavras que reverberaram de modo tão profundo provavelmente foram escritas enquanto eu estava sentado sozinho, usando apenas calções.

Em DC, porém, a vulnerabilidade e a autoexpressão pararam de funcionar. Eu sempre me sentia atordoado quando alguém com quem conversava era tão polido quanto um âncora de noticiário de televisão. Olhava por toda parte à procura de câmeras.

É verdade que as pessoas podem ser tão vulneráveis quanto desejarem. Não existem maneiras certas para ser conhecido. Mas, para mim, não vale a pena ser ator para seguir a carreira política. Bill Lokey, de Onsite, diria: "De que outra forma poderemos nos conectar com as pessoas senão permitindo que elas nos conheçam?".

Li, no ano passado, um artigo sobre uma enfermeira australiana chamada Bronnie Ware, que passou a maior parte de sua carreira profissional ministrando remédios paliativos, cuidando de pacientes terminais com no máximo doze semanas de vida pela frente. Não é de admirar que a maioria de seus pacientes tivesse alegrias e arrependimentos. Bronnie contou que nas últimas semanas de vida eles conseguiam descobrir uma clareza maior sobre o que era realmente importante.

Surpreendentemente, o remorso mais comum daquelas pessoas era este: elas gostariam de ter tido coragem para viver a vida que desejavam, e não a vida que os outros esperavam que vivessem.

Enquanto lia a história dos pacientes de Bronnie, perguntei-me quantas opiniões eu quis expressar, mas reprimi por medo de ser criticado, quanto amor quis manifestar, mas permaneci em silêncio por medo de rejeição, ou quantos poemas e histórias nunca divulguei por pensar que não eram bons o suficiente para ser publicados.

É verdade que fiquei magoado algumas vezes depois de ter revelado minhas particularidades. Há pessoas que preparam emboscadas para os vulneráveis e os atacam para se sentirem poderosas. Deus, porém, as perdoa. Estou disposto a levar um soco de vez em quando para encontrar pessoas com as quais possa me conectar. Se estivermos dispostos a oferecer a outra face aos que nos ofendem, a vulnerabilidade nos trará uma profusão de amigos.

Você é capaz de se imaginar chegando ao fim da vida, cercado de pessoas que o amaram, mas perceber que elas nunca o conheceram totalmente? Ou estar de posse de poemas que nunca compartilhou com alguém ou ter visto injustiças sem ter dito nada? E, então, perceber que é tarde demais?

Como podemos ser amados se estamos sempre nos escondendo?

A percepção de que eu tinha de me arriscar a ser conhecido para amar Betsy e ser amado por ela ocorreu de maneira indireta. Ocorreu porque confessei a meu amigo psicólogo Bill Lokey que estava lutando com o bloqueio criativo dos escritores.

Há uma relação entre ter medo de amar e ficar imóvel diante do teclado. Ambos implicam medo de ser conhecido, medo de cometer erros, medo de demonstrar carências.

Veja o que aconteceu. Levei apenas oito meses para escrever meu primeiro livro, e foi uma experiência fantástica. Eu fumava cachimbo, caminhava pelas montanhas do Oregon e sonhava com a próxima cena do livro. Então, naquela noite, escrevia páginas e mais páginas de texto, convencido de que ganharia o prêmio Pulitzer. É claro que não ganhei, mas isso não importa. Eu adorava escrever. Adorava a emoção de ver as palavras voando de meus dedos e criando novos mundos.

Gostei, ainda, de escrever meu segundo livro. Escrevi-o também em oito meses, e a experiência foi tão agradável quanto a do primeiro.

No entanto, enquanto escrevia o terceiro livro, o segundo tornou-se *best-seller*. De repente, tudo mudou. As pessoas postavam comentários *on-line*, tanto positivos como negativos, e a pressão de obter repercussão semelhante foi aterradora para mim.

Sentava-me diante do teclado com todas as críticas na cabeça e incluía tantas advertências num capítulo, que as palavras deixavam de fluir. E pior, lembrava-me dos elogios das pessoas e tinha muito medo de não estar à altura de suas expectativas.

Levei mais de um ano para escrever o terceiro livro, e dois para escrever o seguinte. O quinto livro demorou quase quatro anos para ficar pronto.

Eu estava com problemas sérios. Conforme mencionei, foi Bill quem me ajudou a entender a situação. Contei a ele que estava com dificuldade para escrever, e ele disse que notara que meu modo de escrever havia mudado.

— O que você quer dizer com "mudado"? — perguntei.

— Que agora você está sendo cuidadoso — ele respondeu.

— Cuidadoso — repeti em voz alta.

A palavra soou suspeitosamente verdadeira.

— Cuidadoso — ele disse. — Li grande parte de seu trabalho e achava graça em seus textos porque você era o cara que gostava de dizer coisas que nenhum de nós estava disposto a dizer. Coisas comuns, mas que a maioria de nós esconde por medo de revelar quem realmente é.

Acho que Bill nunca soube quanto suas palavras me foram úteis, mas foram. Ele estava certo. Eu havia tido relativo sucesso e, de repente, tinha algo a perder. E havia também uma expectativa a ser alcançada. Eu estava paralisado. De repente, corria o risco de ser eu mesmo.

Naquele mesmo ano, li por acaso um livro do dr. Neil Fiore, que confirmou a suspeita de Bill a respeito de ser cuidadoso demais. O título do livro era *The Now Habit* [O hábito de agora] e dizia respeito a vencer a procrastinação. O dr. Fiore afirma que o sucesso em uma carreira é semelhante a andar na corda bamba — quanto maior ele for, mais alta estará a corda. Quando conquistamos algo, temos mais coisas a perder. O sucesso produz uma cratera sob nossa carreira, que aumenta perigosamente, criando um tipo de medo de tentar. Ele diz que o medo de decepcionar as pessoas é um dos principais motivos da procrastinação.

Existe algo mais venenoso que o medo de ser julgado? O julgamento nos paralisa, e sentimos o desejo de nos esconder. Impede-nos de ser nós mesmos e, por conseguinte, impede-nos de nos conectar com as outras pessoas.

Li um artigo no jornal, no mês passado, sobre um homem que havia conversado com apenas uma pessoa em vinte anos. Ele morava numa tenda nas florestas de Maine, lia livros e ouvia um antigo rádio transistor. Mais ou menos uma vez por mês, entrava sorrateiramente na cidade e arrombava um restaurante ou um centro de retiro espiritual para furtar comida da cozinha. Um dia, foi pego furtando latas de feijão de um acampamento para crianças. Contou à polícia que, em três décadas, tinha dito apenas uma palavra a outra pessoa, um andarilho que encontrara na floresta dez anos antes. Com exceção dessa vez, fazia anos que não falava com nenhum outro ser humano.

Mencionei o artigo a meus amigos, e eles ficaram boquiabertos. Como é possível viver completamente sozinho durante três décadas? O mais estranho, no entanto, foi que eu entendi aquele homem, apesar da perplexidade de meus amigos. Não há em mim nenhum desejo de viver como ermitão, mas, conforme mencionei antes, entendo sinceramente como alguém é capaz de morar numa floresta, completamente sozinho, completamente livre do risco de encontrar-se com outras pessoas. A história me fez imaginar se os meses que passei sozinho num chalé, escrevendo, foram tão tranquilos porque, pelo menos durante um mês, fugi do estresse constante de me preocupar com o que os outros pensavam de mim.

Você já conheceu alguém que fosse completamente livre? Alguém disposto a dizer o que pensava? Não estou falando de alguém que queira chamar a atenção. Estou falando de alguém que não percebe como as pessoas são julgadoras, que supõe que todos o aceitam como ele é.

Eu já, e ele era um ser humano fascinante.

Conheci, anos atrás, um homem que sofreu um ferimento na cabeça depois de adulto. Durante uma conversa de até cinco minutos, ele parecia uma pessoa normal. Andava de modo normal e falava de modo normal, mas depois do ferimento na cabeça ele passou a ser desconfortavelmente indelicado. Por exemplo, ele dizia "Você engordou" a seu interlocutor — não de maneira julgadora, mas apenas por curiosidade. "Seu peso o prejudica quando você tem de percorrer longas distâncias? Você fica mais aquecido no inverno com essa camada extra de gordura?" Confesso que houve ocasiões em que senti vontade de sufocá-lo. Mas também o invejava, não por causa de seu jeito rude, mas porque ele não sabia que era rude. Não tinha malícia, apenas um modo estranho de dizer exatamente o que pensava.

Depois do ferimento, ele começou a vestir-se como artista. Usava echarpes elegantes e economizava dinheiro para comprar um belo chapéu com aba e enfeitado com uma pena. Suas meias eram de cores brilhantes, e ele adorava bater longos papos durante a refeição — uma conversa cheia de detalhes e engraçada, que poderia facilmente substituir a sobremesa. Quando havia uma pausa no diálogo, apontava para a pessoa e dizia que era a vez dela de falar. "Agora diga alguma coisa interessante." Desde então, não sei dizer quantas conversas tive durante as refeições nas quais senti o desejo de apontar para uma pessoa e pedir que ela dissesse alguma coisa interessante. Esse amigo ajudava muito a dar prosseguimento a uma conversa. Lembrei-me dele porque parte de mim gostaria de saber se ele é a única pessoa que conheço que não sente nem um pingo de culpa na vida. Bronnie Ware tinha razão quando disse: "Se formos para a sepultura levando conosco nossos sentimentos, morreremos com arrependimentos".

Depois de Bill ter me dito que eu era cuidadoso demais, voltei para o velho "eu", o "eu" que tinha permissão para expressar com delicadeza seus pensamentos e sentimentos. Cheguei à conclusão de que, para seguir uma carreira, eu teria de enfrentar os admiradores e os críticos. É uma decisão que todos temos de tomar na vida, pois em algum momento enfrentaremos o risco de que os outros saibam quem somos.

Eu sabia que não seria completamente aceito. O risco de os outros saberem quem somos é também a decisão de ser criticado por algumas pessoas. Há juízes por trás de cada arbusto, mas isso não me importava mais. Eu não poderia me dar ao luxo de ter medo de escrever. Minha alma precisava ser conhecida, e não poderia ser conhecida se permanecesse escondida. Eu estava faminto em termos profissionais e pessoais.

Então, escrevia. Escrevia como se pensasse que para Deus minha voz fosse importante. Escrevia porque acreditava que uma história humana é bela, por menor que esse ser humano fosse. Escrevia porque não fui eu que me fiz assim, foi Deus. E escrevia como se ele tivesse me convidado a compartilhar meu "eu" verdadeiro com o mundo.

Senti que me tornava um pouco mais forte na corda bamba. Meu chão começou a afundar enquanto eu escrevia, mas continuei a escrever da mesma forma, sabendo que tudo não passava de uma miragem, que não havia corda, nem risco, nem morte pela queda. Fiz postagens em meu *blog* a respeito de políticos, sabendo que afugentaria alguns leitores. Escrevi a respeito de líderes que, a meu ver, estavam errados, sabendo que seus seguidores me detonariam em seus *blogs*. Como escritor cristão, escrevi contando que não frequentei igreja por mais de cinco anos. Escrevi minha história. Abri a porta e permiti que as pessoas soubessem quem eu era, não como alguém querendo chamar a atenção, mas assumindo o risco de conectar-me verdadeiramente com os outros.

Fui julgado, é claro. Fui criticado. Corremos o risco de ser bombardeados quando damos a cara para bater.

No entanto, algo estranho aconteceu em meu processo de cura, algo que acompanhou o trabalho de reflexão que havia feito para me curar.

Aprendi a perdoar antecipadamente. Nos tempos que passei em Onsite, um funcionário explicou-me que as pessoas atacam por medo. A vida, para muitas pessoas, é como o jogo do "rei da montanha"; e, quando nós ficamos em pé, elas procuram nos derrubar.

Há, porém, um pormenor que notei. Os maiores líderes, aqueles que mais causam impacto no mundo, são capazes de oferecer a outra face. Parece que eles acreditam no amor de forma tão firme e no perdão de forma tão intensa que possuem a habilidade de perdoar e até amar aqueles que os atacam.

Então, apesar dos críticos, o preço a ser pago valeu a pena. Comecei a conectar-me com as pessoas por meio de *blogs* e textos literários como nunca havia feito durante anos. Para cada pessoa a quem eu precisava oferecer a outra face, havia dez que me cumprimentavam com um beijo. Valeu a pena.

Para lembrar-me de nunca voltar a ser cuidadoso, elaborei uma lista de novas liberdades.

Era mais ou menos assim:

Estou disposto a parecer tolo.
Estou disposto a estar errado.
Estou disposto a lutar com veemência por algo que não é considerado descolado.
Estou disposto a expressar uma teoria.
Estou disposto a admitir que sinto medo.
Estou disposto a contradizer algo que disse antes.
Estou disposto a ter uma reação abrupta, mesmo que seja errada.
Estou disposto a me desculpar.
Estou completamente disposto a ser completamente humano.

O que aconteceu a seguir foi surpreendente. O acesso a meu *blog* triplicou, e quase terminei o rascunho de um livro em apenas quatro meses. Foi o livro que escrevi mais rápido. O bloqueio do escritor desapareceu, e minha carreira não foi prejudicada pelo medo de ser verdadeiro e sincero.

A experiência toda levou-me a pensar se o tempo que passamos tentando ser alguém que as pessoas vão amar não é tempo perdido, porque a pessoa mais poderosa, mais atraente que podemos ser é aquela que já somos, um ser em constante mutação que nunca chegará a modificar-se totalmente, mas que tem opiniões sobre o que vê ao longo da jornada.

Eu estaria mentindo se dissesse que me sinto totalmente confortável comigo nestes tempos, mas estou melhorando. Estou um pouco mais confortável, acredito, e disposto a trabalhar um ano num livro, e não quatro. E, acima de tudo, estou disposto a mostrar o que escrevo em vez de jogar fora. E isso é uma evolução. Agora os admiradores e também os críticos estão contribuindo para meu trabalho em vez de fechar as portas para ele.

Gosto do que a dançarina Martha Graham disse certa vez: cada um de nós é um ser único, e, se não existíssemos, algo no mundo teria sido perdido. Pergunto, então, por que nos conformamos tão rápido — e o que o mundo perdeu porque nós perdemos. William Blake disse a respeito de Jesus que ele era "todo virtude e agia por impulso, não por regras". Se queremos ser semelhantes a ele, não devemos então falar, nos movimentar e realizar, exercer influência no mundo e descobrir algo novo extraído das forças que trabalham contra nossa genialidade e beleza singulares? E se parte da mensagem de Deus ao mundo fosse você? O verdadeiro e autêntico você?

Meu amigo Jamie esteve comigo e com Betsy na noite passada. Aliás, ele esteve conosco nas últimas duas noites. Jamie dirige uma organização sem fins lucrativos chamada To Write Love on Her Arms [Escrever Amor nos Braços Dela]. Essa organização atua como voz para os marginalizados. É uma linha de confecção de roupas com um coração.

Lembro-me de ter ficado acordado até tarde, uma noite, para ouvir Jamie contar sobre um *show* de rock. A banda pediu-lhe que dissesse algumas palavras entre uma canção e outra. Num recinto escuro, cheirando a suor e repleto de adolescentes, Jamie levantou-se e disse a eles que havia muitos motivos para viver, que havia canções, sonhos e esperanças ainda a serem criados. Lembrou-os de que cada um deles havia comparecido ao *show* com alguém, provavelmente com um amigo, e juntos poderiam agarrar--se à esperança de que nas horas mais difíceis um apoiaria o outro.

Sinceramente, eu não sabia como ele lidaria com aquilo. Não sabia ao certo se ele distribuiria flores ou se faria outra coisa. Ele não fez nada e saiu do palco.

Os garotos rodearam-no, pedindo-lhe autógrafo, e ele, constrangido, assinou camisetas e pôsteres.

Faz dez anos que não vejo Jamie. Desde então, a marca que ele criou teve um sucesso estrondoso. Ele ganhou prêmios e subsídios, e apareceu em todos os programas de televisão que se possa imaginar. As pessoas o adoravam. E juro que ele não mudou. Continua a dizer a mesma coisa, com voz suave, como se viesse de outro planeta: Precisamos uns dos outros. Não há motivos para julgarmos. As pessoas são mais frágeis do que você imagina.

Hoje, considero Jamie um de meus amigos mais chegados. Liga para mim quando digo alguma grosseria *on-line*. Lembra-me de que as pessoas estão sofrendo e de que devemos ser maiores que os jogos darwinianos que nos tentam. E não é só ele que me liga quando digo asneiras; eu também ligo para ele quando estou sofrendo.

Enfim, estávamos sentados no embarcadouro numa noite fria. Betsy estava dentro da casa preparando-se para dormir. Lucy corria atrás de uma bola de tênis que Jamie e eu jogávamos, um de cada vez, no jardim.

"Jamie é um mistério para mim", lembro-me de ter pensado. Ele não conta muitas histórias; ele é uma história. Coloca seu coração na frente das camisetas e as vende.

Às vezes, porém, Jamie se pergunta se o que está fazendo vale a pena. Será que algo tão incomensurável como amor, aceitação, graça, tolerância e perdão criam um mundo melhor? Afinal, não são produtos que podem ser medidos em termos financeiros.

Então, enquanto permanecia sentado ali, atirando a bola de tênis, ocorreu-me que o poder de Jamie se encontra nele próprio. Sem nenhum medo, ele arremete seu coração ao mundo sofredor como medida de sacrifício. Certamente tem sucumbido muitas vezes. Arrisca-se ao dizer como realmente se sente e enfrenta as forças da conformidade, quase todas tenebrosas.

Desde que conheci Jamie, tenho ouvido inúmeras histórias de pessoas magoadas, solitárias, confusas e até suicidas que encontraram apoio em suas palavras. Elas o amam porque ele as aceitou como eram, disse-lhes que não precisavam representar e fez que soubessem que as histórias delas contribuíam para a beleza. Sei que você e eu talvez não sejamos tão antenados quanto Jamie, mas você é antenado do seu jeito e eu sou antenado do meu jeito. Quanto mais plenamente vivermos em amor, mais impacto causaremos. Quando agimos como atores, podemos até receber o aplauso que queremos, mas correr o risco de ser nós mesmos é o único caminho para a verdadeira intimidade na vida a dois. E a verdadeira intimidade, a troca de afeto entre duas pessoas que não estão mentindo, é transformadora.

Escrevi um bilhete a Jamie na manhã em que ele partiu. Sentei-me na cozinha enquanto todos na casa ainda dormiam, sabendo que eu sairia antes de ele acordar. Ali, diante do balcão, pensei no que dizer a meu amigo. Como você pode dizer a uma pessoa que, sem ela, o mundo seria um lugar mais escuro? Decidi orar e pedi uma direção.

Escrevi o bilhete e o coloquei dentro de um dos sapatos que Jamie deixara perto da porta da frente. São palavras verdadeiras. São verdadeiras sobre Jamie. Mas eu queria que fossem verdadeiras sobre você também. E sobre mim, é claro. Não creio que somos acidentes no mundo nem que nascemos para ser atores. Penso que nascemos para ser nós mesmos e que fomos concebidos como um milagre.

Jamie,
Tenha coragem. Seu coração está escrevendo um poema sobre o mundo e está sendo transformado em milhares de canções.

Com muito amor,
Don

12
Pais maravilhosos fazem isso muito bem

Os ingredientes necessários para ter intimidade na vida a dois são autenticidade, vulnerabilidade e convicção de que as outras pessoas são tão boas e tão más quanto nós. E estou aprendendo que esses valores fundamentais contribuem não apenas para histórias de amor bem-sucedidas, como também para relacionamentos familiares bem-sucedidos.

Sinceramente, meu maior medo é de que Betsy e eu tenhamos filhos que não gostem de mim. Casei-me tarde na vida, por isso, no momento em que meu hábito de comer biscoitos doces começar a me prejudicar, meus filhos estarão na idade da rebeldia. Tenho o pesadelo recorrente de que um de meus filhos me dirá, um dia, que fui um péssimo pai, o que me fará sentir fortes dores no peito e desmaiar.

Betsy odeia quando digo isso, mas é um medo legítimo, penso. Normalmente as pessoas se casam mais cedo, então podem lidar com as fases de rebeldia dos filhos enquanto possuem energia. Mas quando meus filhos tiverem de empurrar-me numa cadeira de rodas ainda serão adolescentes, usando roupas de couro e *piercing* no umbigo.

Tenho procurado convencer Betsy a ter gatos em vez de filhos, mas ela diz que esse dom está dentro de nós e que podemos fazer isso. Betsy acha que podemos fazer tudo e que a maioria de meus medos é infundada. Vou tentar não dizer "eu não falei?" quando as crianças nos amarrarem no pé da mesa de café e nos usarem para puxar conversa em uma de suas festinhas malucas.

No entanto, existe algo que me traz alívio. Tenho alguns amigos que possuem filhos maravilhosos. Estou falando de filhos adolescentes e na casa dos vinte anos que ainda amam e respeitam os pais. Meus amigos John e Terri MacMurray têm três filhos que os amam. Não há nenhum rebelde. E meus amigos Paul e Kim Young têm seis filhos, todos adultos hoje, e eles ainda frequentam a casa dos pais e levam os netos, e nenhum deles espirra grafite nas paredes. Os filhos de meus amigos Ben e Elaine Pearson fazem questão de jantar conosco de vez em quando e não roubam a prataria. Estou vendo isso, sim. Estou vendo o outro lado da história: que existem famílias saudáveis e que, depois de adultos, nossos filhos não nos usarão como escudos humanos numa série de assaltos a bancos.

Tenho notado uma característica comum nas famílias estruturadas. A característica é esta: os filhos cujos pais são sinceros acerca de seus defeitos e imperfeições parecem ter mais sucesso na vida.

Quero dizer que os filhos cujos pais não tentam ser perfeitos nem fingem ser perfeitos confiam mais neles e os respeitam mais. Parece que a vulnerabilidade e a franqueza atuam como o solo do qual brota a segurança. Eu diria, ainda, que essa é a qualidade que percebo com mais frequência nos filhos de pais sinceros e francos. Percebo segurança. Infelizmente, tenho notado também que o oposto é verdadeiro. Tenho visto que os filhos de pais que não admitem os próprios erros são problemáticos e emocionalmente inquietos, como se, no íntimo, desejassem libertar-se da família para poderem ser eles próprios.

Não existe, é claro, nenhum prognóstico seguro para saber se os filhos serão bem-sucedidos na vida. Há muitas variáveis. Porém, creio que a vulnerabilidade demonstrada pelos pais aumenta a chance de a criança crescer saudável e ser feliz na vida.

Se você pensar bem, verá que os pais que são francos e sinceros com os filhos criam um ambiente no qual as crianças têm permissão para ser humanas. E, infelizmente, os pais que escondem suas falhas criam, sem saber, um ambiente no qual os filhos sentem também a necessidade de se esconder. E a sensação de precisar esconder nosso "eu" verdadeiro do mundo raramente é positiva.

Algumas das pessoas mais problemáticas que conheço foram criadas em ambientes fundamentalistas, com pais que sentiam a necessidade de agir de modo mais reto do que de fato eram. Não sei se já conheci alguém nascido numa família legalista que não tenha sofrido na vida. Os ambientes nos quais somos encorajados a esconder nossos erros são extremamente prejudiciais.

Logo depois de meu noivado com Betsy, começamos a falar a respeito de ter filhos, a respeito de quanto tempo esperaríamos depois de casados para formar uma família. Ela gostava de conversar sobre esse assunto um pouco mais que eu, porém isso me fez refletir. Eu seria um bom pai? Como?

Certo dia, quando estava atirando uma bola de tênis no Potomac para Lucy pegar, liguei para meu amigo Paul Young. Paul é o autor do livro *A cabana*. Eu o conheci quando ele era gerente de um depósito de mercadorias e vendia exemplares de seu livro guardados no porta-malas de seu carro. Desde então, ele já vendeu perto de vinte milhões de exemplares e tornou-se um fenômeno literário mundial. Apesar disso, houve pouca mudança em sua personalidade. Ele é apenas Paul. O Paul humilde, sincero e brilhante de sempre.

Liguei para Paul porque ele tem uma das melhores famílias que conheci. Já falei dele antes no livro. Paul e Kim, sua mulher, têm seis filhos e não me lembro de ter conhecido uma família mais franca e sincera. Os filhos são determinados e independentes e, excetuando os problemas do dia a dia, felizes. No passado, quando jantava com eles, eu me surpreendia ao vê-los conversar com tanta liberdade e franqueza sobre os problemas que estavam enfrentando. A família parecia ser o refúgio dos filhos, um lugar onde todos podiam ser eles próprios, sem medo de serem julgados.

— E, então, você está namorando sério essa garota? — Paul perguntou-me.

— Estou — confirmei. — Ela é especial, Paul. Penso que desta vez vou até o fim.

— Estou feliz por você, Don. Já era tempo.

Contei a Paul o motivo de meu telefonema. Contei que uma das coisas que eu mais temia era não ser um bom pai. Paul suspirou. Disse que não havia nada em mim que o levasse a acreditar que eu não seria um bom pai. Mesmo assim, pressionei-o. Disse que queria saber o segredo, queria saber que método ele usara para criar as crianças, por que seus filhos o amavam e amavam Kim.

Paul fez uma pausa.

— Bem — disse finalmente —, não foi nada fácil. Não atingimos a perfeição, mas estamos melhores. É uma honra saber que você deseja ter uma família como a nossa.

Paul fez outra pausa e, em seguida, abriu o jogo. Confirmou que, sim, as características marcantes de sua família eram sinceridade e vulnerabilidade.

— Não há sombras em nossa família — disse. — Não escondemos nada uns dos outros. Mas é difícil chegar a esse ponto. Dá trabalho e é doloroso.

Paul prosseguiu explicando que, anos antes, quando a maioria das crianças era pequena, ele se envolveu emocionalmente com outra mulher. Disse isso com a franqueza e a sinceridade de um homem no confessionário. Foi um erro trágico e ele se iludiu, mas cometeu o erro e pagou o preço.

Conheço muitos autores de *best-sellers*, mas pouquíssimos falam abertamente de seus erros. A maioria, principalmente os autores religiosos, sente a necessidade de potencializar sua autoridade moral, seja ela verdadeira ou aparente. Paul, porém, explicou que seu caso amoroso fora uma experiência estafante para sua família, mas trouxera um benefício na vida deles, um benefício do qual todos necessitavam — a verdade. Paul contou que, em parte, teve esse caso amoroso porque a tolerância à prática de ludibriar havia invadido o casamento. Paul e Kim sabiam que, para sua família sobreviver e prosperar, todos teriam de começar a ser dolorosamente sinceros.

Na época do adultério, quatro dos filhos de Paul e Kim eram muito pequenos para tomar conhecimento do que ele havia feito. Os filhos mais velhos sabiam, mas Paul esperou alguns anos para contar aos mais novos. Quando, porém, a hora chegou, ele e os dois filhos mais velhos levaram o terceiro a um passeio em um lugar tranquilo, onde Paul confessou o que fizera na época em que eles eram pequenos. Ele disse que o processo de confissão fora agonizante. Depois de alguns anos, chegou a hora de contar aos mais novos. Kim sentou-se ao lado deles enquanto Paul confessava a verdade que eles não conheciam a respeito do pai.

— Sabe, Don, há uma diferença entre pedir desculpa e pedir perdão. O pedido de desculpa é uma declaração tão informal quanto um boletim de notícias, mas pedir perdão implica dar poder à pessoa envolvida. Tive de dar a meus filhos o poder de escolher se queriam ter um relacionamento de proximidade comigo, se queriam me perdoar. Foi um momento terrível e esclarecedor.

— Eles o perdoaram? — perguntei, pensando que, embora dolorosa, a autenticidade tivesse uma espécie de poder mágico.

— Nem todos eles, e nem imediatamente — ele respondeu. — Chorei com eles e, sinceramente, senti-me péssimo, mas cada um teve de processar a revelação a seu modo. Imagine descobrir que seu pai enganou sua mãe e que você não sabia disso o tempo todo, enquanto as outras pessoas da família conheciam a história inteira. Você se sentiria como se estivesse vivendo uma mentira. Foi devastador.

— Como a família sobreviveu até hoje? — perguntei.

— Cada um de meus filhos, e minha mulher especialmente, tem uma história diferente — Paul respondeu. — No início, meu filho perdoou-me imediatamente, porém, anos depois, quando seu melhor amigo morreu num acidente, ele começou a ressentir-se comigo, em parte porque se deu conta de que havia um lado obscuro na vida, e ele enquadrou-me nessa categoria. Começou a perceber que o mundo era injusto, e que eu também havia sido injusto e desleal. Fui até ele e pedi perdão mais uma vez, permitindo que ele processasse à sua maneira. O perdão é uma coisa estranha. Não é instantâneo, você sabe. Mas, com o tempo, ele me perdoou e conseguimos restabelecer a proximidade entre nós.

— E os outros? — perguntei.

— Uma das filhas é protetora dos outros e não lidou com o assunto imediatamente, e a outra pegou pesado. Ainda era pequena e imaginou que, se eu havia enganado a mãe dela, poderia tê-la molestado quando era criança demais para se lembrar. Pensou que talvez eu fosse um pervertido. É difícil explicar como aquilo foi doloroso para mim. Eu jamais a molestaria. Quando ela expressou seus medos, chorei copiosamente.

Não pude acreditar que Paul estivesse me contando tudo aquilo, mas sabia, de certa forma, o que fazia dele um homem especial. Aliás, o que fazia dele um homem poderoso. Ele tinha o compromisso de ser completamente verdadeiro a respeito de quem era. Possuía isso. Não queria esconder nada dos filhos e não queria esconder-se de mim. Não queria esconder-se de ninguém. Queria conectar-se.

Paul suspirou.

— Contei a ela que não a molestara na infância, mas ela não sabia se acreditava em mim. A bem da verdade, mudou--se de casa. Mudou-se para a casa de meu filho na cidade. Era Sexta-feira Santa. Meu filho teve de tomar uma decisão difícil e atuar como advogado da irmã por uns tempos, e ele trabalhou com muito empenho para nossa reconciliação. No dia seguinte, sábado, reunimo-nos na casa deles e passei o dia respondendo a todas as perguntas dela, feitas dentro da segurança da família. Sentei-me e respondi às perguntas. De vez em quando eu era solicitado a sair da sala para que a família conversasse sem minha presença — Paul lamentou, enquanto se lembrava do dia. Era evidente que ele ainda odiava o que fizera. — Dei a volta no quarteirão debaixo de chuva, chorando tanto que não podia sequer enxergar o chão, orando e pedindo a ajuda de Deus.

— E ela o perdoou, é claro. Vocês são muito ligados uns aos outros — eu disse.

— Somos. Mas havia um motivo para não sermos. Fui para casa naquele dia sentindo-me totalmente exausto e infeliz, e minha mulher e a outra filha decidiram sair para um passeio. As duas mal haviam atravessado a porta quando ela gritou meu nome. Saí na varanda e avistei um lindo arco-íris nas proximidades. Um arco perfeito e completo de um lado ao outro da rua. Acreditei, de verdade, que era um presente de Deus, Don, que Deus estava me dizendo que eu deveria confiar que ele faria sua parte na restauração do que parecia estar rompido para sempre. Algumas semanas depois, minha filha entrou pela porta de novo. Nunca me esquecerei disso. Estava sentado no sofá quando ela entrou, atravessou a sala e atirou-se em meus braços. Segurei-a e permanecemos em silêncio ali, balançando o corpo e chorando. Ela cochichou para mim: "Eu consegui". Deus foi bom para mim, Don. Eu não merecia ser perdoado. Quando pedi perdão, dei poder à minha filha, e ela não o reteve como forma de me magoar. Ela o devolveu. Ela me perdoou.

Em seguida, Paul lembrou-se de um versículo de 1João. Disse que João, ao resumir tudo o que aprendera sobre Deus, fez esta afirmação: "Deus é luz, e nele não há escuridão alguma".

— Quando estamos com Deus — Paul disse — não há trevas, não há esconderijos, não há fingimento. Quando estamos com Deus, temos liberdade e coragem para ser nós mesmos.

De todas as conversas que tive, nenhuma foi mais libertadora que a conversa com Paul naquele dia. O assunto foi além de como ser pai ou do medo de ser pai. A conversa girou em torno de liberdade, de ser livre para ser uma pessoa humana, sincera e verdadeira, por mais tenebrosa que a verdade seja. Foi uma conversa sobre intimidade, não apenas com uma família, mas também comigo e com Deus.

No entanto, a coisa toda ainda parece assustadora. De certa forma, a vida não é de maneira alguma um jogo de pôquer. Há toda essa aceitação, poder e amor no centro da mesa, e estamos segurando as cartas junto ao peito, tentando vencer o jogo. Parece que a coisa mais tola a fazer seria mostrar nossas cartas.

Mais adiante, porém, naquele ano, conheci outro sujeito, outro pai excelente que parecia abraçar a mesma verdade, que a felicidade só acontece quando somos capazes de nos deixar conhecer pelos outros. E não apenas isso. Ele disse que temos de nos tornar o tipo de pessoa cuja presença transmite segurança aos outros, de modo que possam também se deixar conhecer. Disse que a intimidade só acontece quando as pessoas se sentem seguras em nossa presença.

Conheci esse outro pai quando compareci a um pequeno retiro na costa da Califórnia com um grupo de escritores e pensadores. Meu companheiro de quarto era um homem chamado Mark Foreman. Jon e Tim Foreman, filhos de Mark, eram os músicos principais da banda Switchfoot. Eu conhecia Jon havia algum tempo, mas não conhecia o pai dele. Jon é uma das pessoas mais sábias que conheço. Apresenta-se no palco noite após noite com milhares de pessoas gritando seu nome, mas, quando alguém se senta com ele para tomar o café da manhã, nota seu equilíbrio. Ele ouve mais que fala, e seu conselho é absolutamente correto e parece vir de milhares de anos de sabedoria. Homens como Jon são um mistério para mim. Ou pelo menos homens como Jon eram um mistério... antes de eu conhecer o pai dele.

O local do retiro era bem pequeno, por isso Mark e eu dividimos um quarto com duas camas de solteiro perto da cozinha. Deitados na cama, conversávamos todas as noites sobre o que havíamos aprendido naquele dia. A exemplo do filho, Mark fazia mais perguntas que falava e, em vez de dar conselhos, contava histórias de sua vida. Perguntei-lhe sobre seus filhos. Perguntei como conseguira criar filhos felizes, especialmente filhos capazes de permanecer equilibrados depois de se tornarem estrelas do *rock*.

— Há muito o que fazer, Don — Mark me contou. — Sinto orgulho de meus filhos, e eles são sensacionais. Se ajudei, fico feliz. Mas penso que eles são mesmo sensacionais. Sinceramente, eles estão entre os meus melhores amigos.

— O que você quer dizer com "melhores amigos"? — perguntei. — Você faz confidências a eles?

— Claro — Mark respondeu. — E eles também me fazem confidências. Contamos tudo uns aos outros. Tudo mesmo.

— Como você conseguiu construir isso? — perguntei. Trata-se de uma pergunta que estou aprendendo a fazer com frequência, sobretudo quando vejo um relacionamento saudável.

— Ah — Mark deu uma risadinha. — Não foi fácil. Mas tomei esta simples decisão logo no início: decidi que não julgaria meus filhos. Tive de discipliná-los, mas nunca fiz que se sentissem inferiores por causa de seus erros. E, diante disso, eles aprenderam a confiar em mim, revelando seus pensamentos mais íntimos.

— Verdade? — perguntei, querendo realmente saber até que ponto um relacionamento entre pais e filhos pode ser verdadeiro.

— Ah, sim — Mark afirmou. — Não sei dizer quantas vezes, ao surfarmos juntos, sentados cada um em sua prancha à espera de uma onda, um de meus filhos me contou o que se passava em sua vida e precisei morder a língua. Tive de ficar parado ali, olhá-lo nos olhos e ouvir em vez de gritar: "O que você está pensando?". — Mark começou a rir. — Oh, céus. Aqueles garotos. Mas eu os ouvia e depois lhes contava uma história de minha vida; falava algumas palavras de sabedoria que encontrava e, por fim, tentava livrar-me daquilo tudo enquanto surfávamos.

— Brilhante — disse eu.

— Bem, isso aconteceu quando eles já eram mais velhos, sabe como é. No início, ensinamos as lições básicas a eles. Não estou dizendo que não tivemos de discipliná-los. Porém, quanto mais velhos ficavam, mais eu os ouvia sem julgamento, enquanto eles procuravam saber como aplicar sabedoria à vida deles. E se saíram bem, sinto orgulho deles. Conforme mencionei, eles são dois de meus melhores amigos. Contamos tudo uns aos outros.

A ideia de que a autenticidade produz relacionamentos profundos e saudáveis fixou-se em mim por muito tempo. Estou convencido de que a sinceridade é o solo no qual a intimidade entre duas pessoas se desenvolve. Enquanto pesquisava a ideia, liguei para Bill Lokey.

Bill foi prestativo. Disse que metade da batalha para curar a alma consiste em encontrar lugar seguro onde as pessoas possam contar a verdade sobre quem realmente são. Disse, também, que o melhor lugar para alguém aprender isso é dentro da estrutura familiar, ainda na primeira infância. Ele me enviou um artigo do *New York Times* que resumia as descobertas de um casal de psicólogos sobre o assunto.

O artigo dizia que Marshall Duke, psicólogo da Emory University, estava procurando temas comuns sobre família saudáveis. Sua esposa, Sara, uma psicóloga que trabalha com crianças que têm dificuldade de aprendizado, notou uma peculiaridade a respeito de seus alunos: "Aqueles que conhecem bem a história de sua família tendem a se sair melhor quando enfrentam problemas".

O texto prosseguia explicando que "quanto mais as crianças conheciam a história familiar, mais controle tinham sobre a própria vida, maior era sua autoestima e mais acreditavam no sucesso do funcionamento de sua família". Na verdade, a escala do "Quanto você sabe sobre sua família?" passou a ser o melhor elemento de como prever a saúde emocional e a felicidade das crianças.

O dr. Duke foi além e explicou que não é apenas a sinceridade utilizada na narrativa dos problemas de uma família que promove a felicidade da criança. Aliás, é a narrativa familiar oscilante, conforme ele chama, a responsável pela história verdadeira de como a família tem sucessos e fracassos e, mesmo assim, permanece unida. "Querido, quero dizer uma coisa. Tivemos altos e baixos na família. Construímos um negócio familiar. Seu avô foi um pilar da comunidade. Sua mãe trabalhava no hospital. Mas tivemos revezes também. Certa vez seu tio foi preso. Nossa casa foi incendiada. Seu pai perdeu o emprego. Porém, não importa o que aconteceu, permanecemos sempre unidos como família."

Enquanto lia o artigo, meu coração encheu-se de esperança. Se para criar filhos felizes precisamos contar a verdade sobre a narrativa familiar, eu seria capaz de fazer isso. Precisaria de um pouco de prática e muita coragem, mas conseguiria. Uma onda de alívio percorreu meu corpo. Se a sinceridade é o segredo para relacionamentos íntimos, significa que não temos de ser perfeitos e, acima de tudo, não temos de fingir que somos perfeitos.

Toda essa conversa sobre como ser verdadeiro me fez lembrar uma cena do filme *O Mágico de Oz* na qual Dorothy e o garoto deparam com o Mágico, uma máquina gigantesca que solta fumaça e controla Oz com voz forte e intimidadora. Mas Totó, o cão, descobre um homem atrás da cortina e revela a farsa a todos. O Mágico de Oz é apenas um homem, um sujeito que finge ser alguém melhor do que é. Assim, sentimos pena dele, pois ele tem de manter a Terra de Oz unida; e há melhor maneira de fazer isso do que estabelecer controle fingindo saber tudo e ser perfeito?

No entanto, gosto mais da cena seguinte, na qual o homem tenta sinceramente ajudar todos a voltar para casa. Ele está sem a máscara e agora é apenas um homem, mas continua a ter poder, poder verdadeiro. Tem o poder de encorajá-los e lembrar-lhes quem eles realmente são. Dá ao Leão uma medalha de coragem e ao Espantalho um diploma de cérebro pensante. O Homem de Lata recebe um relógio com tique-taque para lembrá-lo de que um coração é muito mais que um pedaço de carne que bate sem parar. Não teria havido nenhuma dessas conexões se o Mágico tivesse permanecido atrás da cortina, levantando-a e abaixando-a. É verdade: se vivermos atrás de uma máscara, poderemos até impressionar as pessoas, mas não poderemos estabelecer uma ligação com elas.

Essa cena de *O Mágico de Oz* lembra o que meu amigo Paul fez por seus filhos. Paul saiu de trás da cortina e deu aos filhos seu coração, partido como estava. Então eles se conectaram e a família começou a ser curada.

Depois de eu ter dito tudo isso, agora existe um pouco de esperança fermentando dentro de mim. Espero que, enquanto crescerem, meus filhos fiquem menos impressionados comigo e mais ligados a mim. E espero que me aceitem como sou, com todas as falhas e defeitos, da mesma forma que os aceitarei.

Penso ser possível formar uma família. Talvez os filhos necessitem de algo realmente simples. Talvez só necessitem de alguém que lhes mostre que não há problema em ser uma pessoa humana.

13
Os ingredientes de uma vida significativa

Se Betsy tiver de me perder um dia, provavelmente será por causa do trabalho. Conforme mencionei, nos tempos de juventude eu acreditava na mentira de que ninguém me amaria, a não ser que eu tivesse sucesso na vida. Trata-se de uma mentira fácil de aceitar para os que estão crescendo nos Estados Unidos. Embora eu não tenha nada contra o sucesso e continue a gostar de buscá-lo, a necessidade de sucesso poderia ter desviado facilmente minha chance de ter uma verdadeira vida íntima com alguém.

Há muitos motivos para eu não ter casado quando estava na casa dos trinta, porém um deles é que eu não queria abrir mão de minha necessidade de acumular dinheiro, legitimidade e influência. Acreditava que, se tivesse essas coisas, ninguém haveria de querer me deixar, embora minha dedicação a um plano insensato impossibilitasse um relacionamento saudável. Para ter sucesso, eu me hospedava no inverno em chalés em ilhas longínquas e isolava-me a fim de escrever um livro. Em outras palavras, para conseguir que as pessoas me amassem, eu me afastava completamente delas. Vivia um paradoxo absurdamente prejudicial. E, embora estivesse ficando famoso, a fama não criava uma vida significativa.

Poucos anos atrás, porém, algumas de minhas perturbações começaram a mudar quando fiz um discurso no ofício fúnebre de um homem que fora como um pai para mim. Ele sempre me encorajara, desde que eu era criança, mas só percebi o impacto que ele causava quando o perdi para sempre. Foi em seu funeral que notei o império enorme que ele havia construído sutilmente ao entregar sua vida todos os dias em favor de alguém.

Seu nome era David Gentiles, e ele havia sido pastor de minha igreja quando eu era criança. Minha mãe forçava-me a ir à igreja, e sou feliz por isso. Conforme mencionei, eu era um garoto estranho, e David foi um dos poucos adultos em minha vida que chegou a notar minha presença.

Quando eu cursava o ensino médio, David convidou-me para participar de um grupo de leitura em sua casa. Reuníamo-nos de manhã bem cedo e estudávamos uma obra clássica de literatura. Eu queria que o grupo gostasse de mim, por isso durante a semana lia e fazia anotações para me preparar. David foi a primeira pessoa a dizer-me que eu tinha um talento especial com as palavras e chegou até a me convidar para escrever para um jornal do ensino médio. Duvido que tivesse começado a escrever sem o incentivo dele.

David morreu num acidente trágico. Imaginamos que nosso pai nunca vai morrer, certo? Aqueles que falam com amor em nossa vida parecem ter um caminho eterno diante de si. Talvez o amor que eles compartilhavam fosse a comunhão que tinham com Deus, e nós reconhecíamos intuitivamente o amor como algo que vence a morte. Não sei. Mesmo assim, na época não percebi a enorme rede de segurança que ele havia sido nem o grande espaço ocupado em nossa alma por aqueles que acreditam em nós incondicionalmente.

Estava morando em Portland quando recebi a notícia, então comprei uma passagem aérea imediatamente. Queria chegar o mais breve possível a Austin para encontrar-me com as filhas de David e com as pessoas a quem ele servira como pastor auxiliar. David divorciara-se anos antes e, desde então, escolhera viver com simplicidade. Apesar de ter sido procurado para ocupar posições importantes em igrejas de grande porte, preferiu ser pastor de uma igreja pequena. De certa forma, David viveu sua carreira ao contrário. Seu talento aumentou, mas, todas as vezes que tinha a chance de subir mais um degrau na carreira, ele se recolhia de propósito; algo que nunca entendi. As igrejas que pastoreou tornaram-se cada vez menores, e as posições que ocupava eram cada vez menos glamorosas.

No Texas, ser pastor significa ser uma estrela do *rock*. Os pastores de igrejas grandes fazem excelentes negócios com livros, suas fotos aparecem em cartazes e eles são escolhidos para aconselhar presidentes e fazer parte de programas de entrevistas. Então, enquanto voava rumo ao Texas, perguntei a mim mesmo por que David nunca seguira aquele caminho. Ele era um comunicador fantástico, um ótimo escritor e tinha mais charme e personalidade que a maioria das pessoas que alcançam a fama.

Gostaria de dizer que eu colocava David num patamar muito alto por causa de sua decisão de viver com simplicidade, mas não é verdade. Eu queria que o mundo o conhecesse, e não apenas eu e um punhado de pessoas que cresceram em um de seus grupos de jovens.

Quando cheguei a Austin, fui convidado a reunir-me com os funcionários de sua igreja enquanto eles preparavam seu funeral. Conversamos sobre as finanças dele e sobre como a igreja poderia cuidar de suas filhas, uma vez que David morrera deixando pouco dinheiro e poucos bens materiais. Aliás, ele estava alugando uma casa nos últimos anos, onde oferecia um quarto gratuitamente às pessoas que necessitavam de um lugar para ficar. Dirigia um velho caminhão que não valia quase nada, e seus bens materiais custariam mais para vender que para descartar.

Repetindo, gostaria de poder dizer que o admirava pela maneira como vivia, mas gostaria que ele tivesse tido um pouco de dinheiro e um carro que funcionasse. Queria que ele tivesse desfrutado os prazeres da vida que um homem com seu talento merecia. A sensação era de que eu conhecia um homem que poderia fazer um *home run* a qualquer momento que usasse o bastão, mas que nunca tentou participar do jogo. Quando era vivo, pedi-lhe dezenas de vezes que escrevesse um livro. Então ele começou a fazer isso, mas ficou entediado e perdeu o interesse. Em vez de escrever o livro, deu início a um programa de recuperação para dependentes químicos.

Passei a véspera do funeral de David num hotel preparando o discurso. Não sei se já chorei tanto assim antes ou desde então. Enquanto pensava nele, percebi que o mundo estava perdendo uma bondade extrema que poucos de nós vemos em um amigo. O que o mundo perdeu foi um homem tranquilo e modesto, que acreditava que o amor importava mais que a glória pessoal. E pelo menos eu sabia que ele estava certo. Se ele tivesse sido mais famoso, eu não teria sentido metade da dor que senti por sua morte. Foi seu amor por mim que criou o vazio da separação e a dor.

Foi muito difícil pensar em David e comparar sua vida com a minha. Muitas pessoas conheciam meu nome, mas um número muito maior o conhecia. Perguntei-me o que seria melhor: ter todas as qualidades que imaginamos para fazer as pessoas nos amarem ou ter simplesmente amor? David tinha amor.

O mais chocante, porém, foi o que aconteceu em seguida. A igrejinha que ele pastoreava não tinha condições de acomodar o número de pessoas que queriam participar do ofício fúnebre, por isso o funeral de David foi transferido para um estádio de beisebol fora da cidade. Quando cheguei, avistei caminhões de emissoras de televisão no estacionamento com antenas altas erguidas acima da multidão. O estacionamento estava lotado, e o povo precisou estacionar os carros na rua para chegar ao estádio. E tudo isso por causa de um homem que morreu como pastor auxiliar de uma igreja com não mais que cem membros.

Sentei-me com a família de David, perto da base do batedor, e olhei a multidão. Senti-me pequeno naquele lugar. Senti-me pequeno ao pensar em minhas realizações e sabia, sabia porque se tratava de um fato, que o amor tinha ganhado o dia. Milhares de pessoas haviam sido profundamente amadas por um homem que nunca procurara glória nem fama. David não tentou impressionar as pessoas. Simplesmente as amou.

Para mim, o sinal seguro de que uma história é boa torna-se visível na maneira como nos sentimos depois de conhecê-la. Quando a plateia permanece no cinema para ver os créditos aparecerem na tela, a história foi boa. É como se ninguém quisesse se levantar em respeito ao que acabaram de vivenciar. E, se eu tivesse de dar um nome à emoção que sinto ao ver os créditos rolando na tela, esse nome seria gratidão. Não apenas gratidão pela história, mas pela vida em si. Uma boa história deixa-nos agradecidos por estar vivos, porque nos lembra que, embora às vezes ela seja dolorosa, a vida é verdadeiramente bela e até mágica. Foi o que ocorreu no funeral de David. Por mais doloroso que tivesse sido para todos lhe dizer adeus, pairava no ar um sentimento de gratidão. Assim, quando o ofício fúnebre terminou, ninguém foi embora. Nós nos sentamos, conversamos e sentimos gratidão, não apenas por David, mas pela beleza da vida. Digo isso porque estou começando a indagar se este não é o objetivo pleno da vida: ser agradecido por ela e viver de tal forma que os outros também se sintam gratos pela vida deles próprios.

A caminhada para aprender a amar em vez de tentar impressionar os outros estava afetando algo mais que meu relacionamento com Betsy. Estava afetando minha carreira. A mudança de paradigma começava a afetar minhas ambições e o que eu queria fazer da vida.

De certa forma, minha vida estava sendo reduzida. Depois da morte de David e depois que algumas feridas em minha identidade começaram a ser curadas, os relacionamentos passaram a ser mais importantes.

Eu havia passado a década anterior trabalhando sozinho, mas, depois de ver o que David construíra, aluguei uma sala comercial e contratei alguns funcionários. Por ter sido palestrante durante anos, organizei uma equipe para incrementar esse negócio. Sinceramente, fiz isso para ter um grupo de pessoas perto de mim. Queria uma comunidade.

Minha carreira de escritor fora prejudicada, é claro. A arte de escrever exige atenção total. É difícil dirigir uma empresa e escrever um livro ao mesmo tempo, mas não me importei. Ganhava menos dinheiro e perdi um pouco de prestígio, porém os relacionamentos no escritório estavam começando a modificar-me. E eu queria mais.

Um dia, enquanto participava de um congresso de negócios, percebi que, embora os princípios sobre a eficiência administrativa fossem úteis, não se aplicavam totalmente a mim. Não queria que as pessoas de minha equipe fossem os dentes de uma engrenagem, não queria ser eu mesmo um dente numa engrenagem. Por certo poderíamos trabalhar de modo diferente.

Voltei, então, para meu quarto e escrevi um manifesto. Nossa empresa existia para ajudar a realizar os sonhos de seus funcionários, para desafiar uns aos outros dentro da comunidade, a fim de aperfeiçoar nosso caráter; para tanto, deveríamos prestar um excelente serviço a nossos clientes. Escrevi também sobre amor, que não era errado as pessoas trabalharem numa empresa para amar umas às outras.

Na manhã seguinte, as ideias me apavoraram. Achei que eram muito piegas, que o pessoal perderia o respeito por mim se soubesse o que eu pensava. Também questionei meus motivos, sem saber se eu estava interpretando o Falso Herói ou tentando agradar aos outros. De uma coisa, porém, eu sabia: queria mais que uma empresa. Queria algo diferente. Queria algo mais que lucro.

Na manhã seguinte, mostrei esses valores fundamentais à equipe de liderança, que me acompanhara ao congresso. Sentamo-nos em círculo na sala de uma casa que havíamos alugado e analisamos um a um, perguntando por que não poderíamos trabalhar de modo diferente. Tínhamos de ganhar dinheiro para que o sistema fosse sustentável, mas o negócio não existia para ganharmos dinheiro. Existia para construirmos uma comunidade feliz.

A equipe permaneceu em silêncio. Só tive a confirmação do que os valores fundamentais representavam quando alguém se levantou e disse que eram lindos. Outro disse que era o trabalho com o qual sempre sonhara. E outro disse que, se a notícia se espalhasse, haveria uma fila de interessados dando volta no quarteirão e pedindo que não os rejeitássemos caso aparecessem outros melhores. Então rimos.

Tão logo retornamos ao escritório, nosso artista gráfico confeccionou um cartaz com nossos valores fundamentais. Acreditávamos que tínhamos o poder de tornar possíveis os sonhos uns dos outros. Acreditávamos que nosso trabalho era mais importante para cada um de nós que para nossos clientes. Acreditávamos na graça acima da culpa e acreditávamos que qualquer um poderia ser importante se fosse desafiado dentro do contexto de uma comunidade. De repente, éramos mais que uma empresa; éramos uma cultura nova e melhor. Nosso negócio transformou-se numa frente de arrecadação de recursos para uma família improvisada. O resultado foi previsível, é claro. A empresa cresceu exponencialmente. Todos queriam ser a primeira pessoa a chegar ao escritório e a última a sair. Começamos a perceber que havia alegria em servir um ao outro. Remunerávamos bem os membros da equipe, mas a realidade é que as pessoas não querem trabalhar apenas por dinheiro — querem trabalhar para construir e sustentar a comunidade que amam. À medida que contávamos nossos sonhos pessoais uns aos outros, meu trabalho não mais visava alcançar meus objetivos, e sim contribuir para a equipe na qual havíamos amarrado todos os nossos sonhos.

Mais ou menos na época da morte da David, li o livro de Viktor Frankl, *Em busca de sentido*. Frankl foi um teórico da personalidade nascido em Viena, contemporâneo de Freud. A diferença entre eles, no entanto, era que Freud afirmava ser o prazer um dos desejos principais do homem, que o homem se levantava todas as manhãs para buscar uma vida confortável ou prazerosa. Frankl discordava dele, dizendo que o maior desejo do homem era ter uma experiência profunda do sentido da vida; o homem despertava querendo sentir gratidão pela experiência que estava tendo, querendo ter uma sensação de propósito, de missão e de pertencimento.

Frankl chegou a dizer que a humanidade não estava à procura de prazer, que os homens só procuravam prazer quando não conseguiam encontrar sentido na vida. Se um homem não encontrar nenhum sentido, Frankl argumentava, ficará insensível ao prazer.

Sua teoria era interessante por si só, mas, por ter contribuído para minha jornada rumo a uma vida íntima a dois, ela me ajudou a ver que minhas ambições egoístas — meu desejo por aplauso — nunca funcionariam.

A teoria de Frankl dizia que a busca pelo significado da vida era existencial, algo que se dava a nós como o reconhecimento da beleza ou do sentimento de gratidão. E ele acreditava que a vida poderia ser estruturada de tal forma que as pessoas experimentassem o sentido da vida. Sua prescrição para experimentarmos uma sensação profunda do significado da vida era extraordinariamente pragmática. Estas são suas três recomendações:

1. Tenha um projeto para trabalhar nele, um motivo para levantar da cama de manhã e, de preferência, algo para atender às necessidades de outras pessoas.
2. Tenha uma perspectiva redentora sobre os problemas da vida. Isto é, quando algo difícil acontecer, reconheça que essas dificuldades também foram úteis a você.
3. Compartilhe sua vida com uma pessoa ou com pessoas que o amam incondicionalmente.

Frankl dava a esse tratamento o nome de logoterapia, ou terapia do sentido da existência humana. E, surpreendentemente, funcionou. Ele foi designado para cuidar da divisão de saúde mental do sistema hospitalar de Viena porque muitos pacientes haviam cometido suicídio. Quando assumiu o cargo, Frankl tinha mais de trinta mil pacientes suicidas sob seus cuidados. O desafio era fenomenal.

Frankl criou grupos comunitários para os pacientes e ensinou os conselheiros a identificar projetos com os quais os pacientes poderiam colaborar, um trabalho sério de que o mundo necessitava e que lhes daria motivo para levantar da cama de manhã. Frankl também pedia que os pacientes descrevessem as experiências difíceis pelas quais tinham passado e, enquanto lhes permitia expressar o sofrimento, também lhes pedia que relacionassem os benefícios advindos do sofrimento. O resultado do programa foi transformador. Nenhum paciente cometeu suicídio sob os cuidados de Frankl.

Eu só trouxe o assunto de Viktor Frankl à baila porque, mesmo sem saber, o legado de David, aliado a meu relacionamento com Betsy e a nova comunidade que eu estava construindo por meio de nossa pequena empresa, havia sido muito importante para ajudar-me a sentir profundamente o significado da vida. O escritor que buscava aplausos foi se tornando cada vez menos isolado e passou a trabalhar mais e mais em projetos de equipe dentro de uma comunidade incondicionalmente cooperadora. Entreguei-me à logoterapia, e ela estava funcionando.

Minha vida passou a ter um significado profundo. Eu não tinha tempo para ficar triste, olhando para o próprio umbigo. O pessoal necessitava que eu produzisse matérias para os clientes e estabelecesse um plano para definir nosso rumo. Eu também não poderia ser um namorado egoísta. Betsy precisava de mim e, se eu não atendesse às necessidades dela, sua vida não seria tão agradável. Havia pessoas precisando de mim.

Pouco tempo atrás, li uma passagem bíblica na qual Jesus estava orando por seus discípulos. Ele orou para que os discípulos amassem uns aos outros, conforme lhes havia ensinado. Orou para que aceitassem a missão de ensinar as pessoas a criarem comunidades nas quais amassem umas às outras, conforme haviam vivenciado com ele. No entanto, quando li a passagem, enxerguei-a de modo diferente. Jesus não estava chamando os discípulos a uma vida de sacrifício. Estava chamando os discípulos a buscar sentido na vida, até mesmo o sentido que inclui sofrimento. Afinal, o sofrimento por uma razão redentora não é um sofrimento grande demais para suportar.

Ao fazer uma retrospectiva, tudo isso me ajudou a entender por que David se doou tanto aos outros, por que sua vida entrou em declive em termos terrenos enquanto alçava voo naquilo que realmente importa.

Ele foi movido por aquilo que estou apenas começando a experimentar: um sentimento profundo de sentido na vida.

14
Os homens procuram intimidade na vida a dois de modo diferente?

Ouvi esta frase recentemente: "Os homens procuram aquilo que os faz se sentirem competentes". E, assim que a ouvi, entendi que era verdadeira. Todo homem que conheço migra para alguma coisa que o faça sentir-se poderoso e no controle. Se for o trabalho, dedica mais horas a ele; se for esporte, frequenta uma academia assiduamente. Só estou falando isso porque poucos homens que conheço se sentem competentes quando se trata de intimidade na vida a dois, o que poderia ser um dos motivos pelos quais eles não revelam se vivem bem ou não com a pessoa amada.

Dito isso, penso que os homens não são tão incompetentes quanto imaginamos no que diz respeito a relacionamentos íntimos. É que somos pressionados a falar desse assunto de modo mais tradicional, mais feminino, isto é, somos solicitados a compartilhar nossos sentimentos. Não gostamos nem um pouco de fazer isso. Digo até que escrever este livro é difícil para mim, não porque seja um livro particularmente complicado, mas porque é cansativo falar de meus sentimentos o tempo todo. Todas as vezes que chega a hora de sentar e escrever, sinto aquele mesmo frio no estômago, aquela mesma sensação de quando alguém deseja ter uma conversa séria comigo a respeito da alma. Posso falar disso algumas vezes, mas não é um assunto sobre o qual gosto de discutir o tempo todo.

No entanto, quanto mais envelheço, menos mal me sinto a respeito disso. Entendo que há um risco em generalizar os sexos, porque Deus sabe que cada ser humano é único, porém sinto segurança em dizer que a maioria das mulheres se conecta com as outras pessoas de modo diferente dos homens. Penso que os homens procuram intimidade na vida a dois de modo diferente, e acho que está tudo bem assim.

Antes de perceber que a intimidade entre Betsy e eu era conduzida de modo diferente, sentia-me péssimo pelo fato de nunca querer falar sobre o assunto. Hoje entendo que o problema não está em saber até que ponto vai meu entusiasmo a esse respeito, e não sou obrigado a ser particularmente bom nisso. Não estou dizendo que não falo de meus sentimentos, porque falo sim, e considero isso importante por ser uma das maneiras pelas quais Betsy consegue conectar-se. Só que não gosto de discutir esse assunto e sentir-me ligeiramente artificial.

Sei que não sou o único a sentir-se constrangido ao falar de intimidade. A maioria dos homens que conheço sente a mesma coisa. O problema é que a maior parte dos homens se sai muito bem em intimidade, mas fomos levados a acreditar que não somos assim. E estou convencido de que estamos pagando o preço dessa confusão.

Trabalhei anos atrás numa força-tarefa do governo estudando paternidade e famílias felizes. Quando nos reunimos em DC, fiquei sabendo que a revolução industrial fora uma das causas principais da falência da família americana. Quando os homens da zona rural passaram a permanecer menos tempo em casa para trabalhar em linhas de montagem, perderam a noção do valor do bem-estar da esposa e dos filhos e começaram a associar esse valor a eficiência e produtividade na fabricação de produtos. Embora a revolução industrial tenha sido espetacularmente útil ao mundo, causou também uma tragédia moderada em nossa evolução social. Criar crianças saudáveis tornara-se trabalho da mulher. Os alimentos não cresciam mais no quintal; eram comprados no mercado com o dinheiro ganho pelo pai à custa de sua ausência do lar. Após algumas gerações, a intimidade nos relacionamentos familiares começou a ser monopolizada pelas mulheres.

Em minha opinião, isso produziu algumas gerações de homens com crise de identidade. Querendo a todo custo encontrar e provar seu valor, os homens sentem-se tentados a ver sua carreira como um passo em direção à masculinidade. Infelizmente, as crianças tornam-se facilmente um obstáculo confuso na caminhada do homem para tentar exercer o poder masculino. Porém, os homens que conheço que aceitaram essa forma de comprovar sua identidade masculina são, em geral, infelizes. Sentem-se solitários e aflitos. Não sei mencionar quantos deles são, conforme costumo dizer, namoradores em série. Passam de uma mulher para outra, têm sempre três ou quatro garotas na fila, nunca se preocupam em escolher uma, não assumem compromisso e não agradam a nenhuma delas por medo de desviar a atenção da carreira profissional. Recentemente, contudo, estou vendo algumas exceções. Talvez porque meu relacionamento com Betsy tenha me forçado a notar as exceções. Mas é verdade. Existem homens bons no mundo.

Ano passado, contratei um *coach* para executivos chamado Daniel Harkavy. Minha empresa triplicou de tamanho em dezoito meses, e eu precisava de ajuda para administrá-la. Dan dirige uma organização chamada Building Champions [Construindo campeões], que oferece *coaches* para pessoas que estejam tentando conseguir um equilíbrio entre a vida e o trabalho. Sinceramente, só o contratei porque queria triplicar o tamanho da empresa de novo. Foi por puro egoísmo, e eu sabia que Dan poderia ajudar-me nessa tarefa.

Na terceira vez que Dan e eu nos encontramos, ele me convidou para tomar alguns drinques com seu filho após a reunião. O filho acabara de terminar a faculdade e tentava entrar na indústria cinematográfica. Conversamos um pouco sobre filmes, sobre a dificuldade em abrir caminho no ramo. De repente, notei uma química extraordinária entre Dan e seu filho; era algo parecido com encorajamento, porém mais profundo e significativo que um tapinha nas costas. Sentado à mesa, Dan elogiou o filho repetidas vezes. Virou-se para mim e começou a falar sobre o grande talento do filho, sobre a coragem que ele tinha. Contou histórias a respeito das viagens que o filho fizera, das aventuras pelas quais passara e das habilidades que desenvolvera. E, enquanto falava, Dan mencionava sua esposa, elogiando sua disposição e explicando como ela havia criado uma filosofia de nutrição dez anos antes de o assunto ter virado moda. Percebi que Dan, apesar de ser terno e amoroso com a família, também lidava com sua função de marido e pai da mesma forma que um *coach* lida com uma equipe. Entendi, então, o que Dan estava fazendo: ele estava construindo algo. Construindo algo no coração de cada pessoa da família. Aquela ideia tornou-se atraente para mim. Gosto de construir coisas.

Houve um detalhe que me surpreendeu enquanto trabalhava com Dan: quando chegou a hora de implementar meu negócio, não começamos com um planejamento, mas com um plano de vida. Dan disse que, se eu não tivesse relacionamentos bem estruturados, estaria condenado ao fracasso. Disse também que tinha trinta *coaches* trabalhando sob sua supervisão e que eles assessoravam centenas de executivos que valiam bilhões de dólares; e nenhum desses executivos, na história de sua carreira, conseguiria manter-se no topo da escada se seus relacionamentos fossem desestruturados.

— Que tipo de casamento você quer ter com Betsy? — Dan perguntou-me.

— Como assim? — repliquei.

— Como você gostaria que seu casamento fosse? — ele insistiu.

Nunca havia pensado nisso. Passara horas detalhando meu plano de negócios, minha estratégia de marca e até planejando minha vida pessoal, mas nunca havia parado para pensar em como seria meu relacionamento com Betsy.

Dan disse que, em nossa próxima reunião, gostaria de ver uma descrição resumida de como seria meu relacionamento com ela depois de cinco anos de casados. Essa história me fez lembrar uma conversa que tive com meu amigo Al Andrews. Al é um advogado experiente em Nashville. Certa vez, enquanto viajávamos de carro, confessei a ele que na semana anterior havia saído com uma mulher com quem não planejava sair novamente. Pelo fato de não viver bem com o marido, ela começara a apoiar-se em mim um pouco além da conta, e confessei a ele que havia gostado. Eu gostava de bancar o conselheiro sábio e bonzinho, mas, ao mesmo tempo, sentia que essa era uma atitude tola e até mesmo errada. Al limitou-se a fazer um movimento afirmativo com a cabeça, e não notei nenhum ar de julgamento em seu rosto. Depois que terminei minhas divagações, ele disse:

— Don, todos os relacionamentos são teleológicos.

Perguntei-lhe o que significava a palavra *teleológico*.

— Significa que os relacionamentos vão parar em algum lugar — Al respondeu. — Todos os relacionamentos são vivos, estão em constante movimento e têm um destino. Minha pergunta para você — Al disse com seriedade — é: até onde vai o relacionamento que começou com essa mulher?

Não precisei pensar para saber qual era a minha resposta. Não ia a lugar nenhum. Depois de alguns meses, eu seria o novo marido daquela mulher casada, o homem com quem ela poderia conversar, e eu, como homem, transformaria aquilo em prazer físico e depois seria o autor de sucesso num romance extraconjugal. Não havia dúvida de que aquilo não iria a lugar algum, e um dia eu teria de ser totalmente sincero com ela. Dei um fim imediato àquela história e, pouco tempo atrás, soube que ela e o marido estavam se acertando. Provavelmente, eu teria destruído um casamento se não tivesse sido sincero.

Tínhamos um treinador de tênis na faculdade que dizia durante os treinos que, se estivermos subindo a ladeira sem nenhum esforço, vamos despencar. Ele queria dizer que, se não treinarmos, a situação vai piorar. E penso que isso se aplica também aos relacionamentos. Caímos na armadilha de ser extremamente conservadores em vez de entender que podemos cultivar os relacionamentos, fortalecê-los e desenvolvê-los.

Daniel estava forçando-me a escrever o que eu pensava sobre meu casamento para que eu assumisse a responsabilidade de dizer até onde ele iria. Eu havia cometido o erro de ser extremamente conservador em meus relacionamentos. Permiti que as amizades, os relacionamentos comerciais e até meu relacionamento com Betsy seguisse um curso natural em vez de dirigi-los a um lugar estável.

Mais ou menos nessa época, decidi participar de um congresso de negócios num *resort*. Betsy e eu só conseguíamos conversar alguns minutos por telefone à noite, pois eu precisava assistir a palestras o dia inteiro. Certa noite, enquanto caminhava pelo campo de golfe e conversava com Betsy ao telefone, pondo a conversa em dia, notei um pouco de tensão na voz dela. Ela estava aborrecida com alguma coisa que normalmente não lhe causaria aborrecimento. Eu diria mesmo que ela estava um pouco zangada comigo.

Você já deve saber que Betsy e eu não somos um casal dramático. Betsy é exímia em acalmar tensões, uma característica que me será útil pelo resto da vida. Enfim, desliguei o telefone sem saber qual teria sido meu erro. Senti-me acusado e desrespeitado.

No dia seguinte, participei de um *workshop* sobre como elaborar um plano de negócios de noventa dias. O dirigente entregou-nos um formulário a ser preenchido, cuja finalidade era conseguir que uma equipe encontrasse um objetivo comum para concentrar-se e mantivesse todos no rumo certo para aumentar a produtividade. Levei três minutos para preencher o formulário, mas de repente tive uma ideia. Pedi outro formulário ao dirigente do *workshop*; então, risquei a palavra "negócio" e escrevi a palavra "casamento". Em seguida, escrevi a visão que eu tinha para nosso casamento. Queria que nosso casamento restaurasse minha alegria de viver, e escrevi alguns valores fundamentais que Betsy e eu deveríamos seguir na vida. Escrevi que não usaríamos a matemática no casamento, isto é, evitaríamos a tentação de pensar nos bens que cada um possuía. Escrevi o objetivo de ter um lar no qual as pessoas entrariam e se sentiriam revigoradas, um lugar no qual ela e eu entraríamos e nos sentiríamos seguros e confortáveis — não apenas por causa da mobília, mas porque tínhamos a intenção de restaurar tudo o que o mundo havia feito para nos destruir. Escrevi que, ao gastar dinheiro, sempre perguntaríamos se aquilo que estávamos comprando seria útil para nos restaurar e restaurar os outros. Tudo em nosso casamento giraria em torno de restauração.

Tirei uma foto do formulário e enviei-o a Betsy por *e-mail*. Pedi sua opinião, se o plano de casamento fazia sentido e que alterações ela gostaria de fazer. Eu não estava muito preocupado com o plano, mas sabia por experiência de vida que, se não houvesse nenhum plano, as possibilidades de sucesso seriam limitadas.

Depois de enviar a foto, senti-me um tolo. Tudo o que ela queria era conectar-se comigo, e lá estava eu enviando um plano de casamento, como se a vida a dois fosse um negócio. Para minha surpresa, porém, Betsy respondeu imediatamente. Estava empolgada, além de aliviada e agradecida.

Mais tarde, quando Betsy e eu conversamos sobre o assunto, percebi que não havia pensado em todos os medos que ela estava enfrentando desde nosso noivado. Teria de ir embora de DC e seguir para Nova Orleans, onde, dali a dois meses, nos casaríamos. Estava deixando uma comunidade na qual vivera oito anos. Estava deixando o emprego, os móveis, a rotina, a conta bancária e suas colegas incríveis que passaram a ser tão próximas como irmãs. E estava deixando aquilo tudo para quê? Para acompanhar um sujeito pelo qual se apaixonara, um autor de livros lidos por suas amigas. Ela não tinha ideia de como sua nova vida seria. Não sabia aonde eu a estava levando. Estava morrendo de medo.

Eu jamais montaria um escritório sem ter um plano. Sou o líder de minha empresa, por isso meus funcionários dependem de mim para saber aonde estamos indo e qual a importância de cada um na jornada. Não acredito que quase entrei num casamento, que é infinitamente mais importante que minha empresa, sem ter um plano em mãos.

Meu relacionamento com Betsy lembra a lição que aprendi quando fiz um curso para habilitar-me a pilotar motocicletas. O instrutor disse que, em geral, quando apresenta problema, a moto volta a estabilizar-se quando você reduz a velocidade e acelera. Disse que quando perdemos a estabilidade e queremos encontrar um lugar seguro a distância, devemos acelerar com força para que a moto volte a encontrar o equilíbrio. Ela tem um modo de estabilizar-se sob aceleração.

Penso que era disso que meu relacionamento com Betsy necessitava. Deparamos com um momento de instabilidade e tensão. Precisávamos escolher um ponto no horizonte e começar a seguir em direção a ele. Será que, para formar famílias bem estruturadas, os casais deveriam escolher um lugar de destino para família e depois acelerar com força, esforçar-se para alcançar aquele ideal e expandi-lo? Os relacionamentos têm um modo de estabilizar-se quando estão em movimento. Enquanto isso não acontece, eles são semelhantes a uma viagem que não leva a lugar nenhum. Al tinha razão: os relacionamentos são teleológicos.

A intimidade que os homens ajudam a criar nos relacionamentos tem sido exemplificada por Betsy desde a infância. Ela era a primogênita de sete filhos, e a conexão e a comunicação são valores importantes para sua família.

Conheci sua família no almoço do Dia de Ação de Graças. Betsy nunca havia levado um namorado para casa durante os feriados, por isso a família estava empolgada. Ela foi receber-me na entrada para carros e fomos juntos até os fundos da casa, uma área com cerca de um alqueire arborizado ao norte do lago Pontchartrain, do outro lado do extenso dique de Nova Orleans. Hoje, todos os filhos são adultos: um dos irmãos é piloto da Força Aérea, as irmãs mais novas trabalham numa empresa de seguros de grande porte, e os dois irmãos mais novos estão terminando a faculdade. Conforme mencionei, Betsy é a primogênita de sete filhos, e o pai e a mãe descendem de famílias grandes. Parece haver gente por toda parte. Gente feliz.

Conversamos por algum tempo. A conversa, segundo tomei conhecimento posteriormente, foi estritamente regulada por instruções que Betsy transmitiu à família antes de minha chegada. Não poderia haver conversa sobre meus livros, sobre política e absolutamente nenhuma pergunta sobre minhas intenções, pelo menos naquele dia. Penso que os garotos deviam estar brincando com ela, mas tudo transcorreu perfeitamente e, depois de algumas horas, pegamos algumas mesas dobráveis no *deck* dos fundos e as arrumamos com pratos e guardanapos para a família agregada. Flores colhidas no quintal enfeitaram as mesas. A campainha começou a tocar, e acho que tocou incessantemente durante uma hora. No momento em que oramos pela refeição, havia mais de cinquenta pessoas da família presentes, todas curiosas para conhecer o homem que Betsy escolhera, e todos os homens sendo beliscados pelas esposas quando faziam perguntas para matar a curiosidade.

Pelo fato de haver poucos homens em minha família, achei estranho, porém correto, haver homens em todas as mesas, maridos ao lado das esposas. Cada criança que chorava tinha um pai para carregá-la no colo. O avô de Betsy impetrou a bênção e o pai cortou o peru. Ouvi histórias sobre caçadas, armas que negaram fogo, pescaria, barcos emborcados. As mulheres pareciam belas em contraste com a força dos homens. Quando terminamos a refeição, jogamos vôlei no quintal e futebol na frente da casa. Os mais velhos jogaram contra os mais novos. Embora os mais novos tenham vencido, os mais velhos ficavam se gabando o tempo todo, e eles de fato jogavam bem.

Tudo o que eu passara a amar em Betsy começou a fazer sentido. Estava vendo de onde vinham sua beleza, sua paciência e sua sabedoria. Agora eu entendia por que, nos momentos de tensão, ela fazia comentários respeitosos e só voltava a mencionar o assunto no momento apropriado. Agora entendia por que ela esperava que eu a respeitasse e protegesse. Agora entendia por que ela queria que eu me importasse ativamente com relacionamentos, com reconciliações e com a comunidade. Aquele era o solo no qual ela havia crescido.

Tive de cavar um pouco mais aquele solo, sem a ajuda de ninguém, quando finalmente me mudei para Nova Orleans antes do casamento. A família emprestou uma barraca de acampamento de um amigo e instalou-a a algumas centenas de metros da casa. Morei na barraca durante seis semanas antes do casamento, usando o banheiro e o chuveiro da casa, mas voltando toda noite para minha cama, uma armação de lona que saía de uma abertura no fundo da barraca. Lucy e eu deitávamos ali à noite, pensando na enrascada em que nos encontrávamos. Eu encostava a mão na lona da barraca para sentir os pingos da chuva e imaginava se poderia formar uma família tão forte quanto a de Betsy.

O que aprendi durante aquelas seis semanas serviu de alicerce para nosso casamento. Ed, o pai de Betsy, acreditava no poder dos relacionamentos. Havia sido vice-presidente de uma das maiores empresas da localidade antes de começar um negócio familiar. Sua carreira fora bem-sucedida porque ele cultivava relacionamentos e cuidava bem dos clientes. Mas nenhum de seus relacionamentos comerciais era mais importante que a comunidade que realmente fizera dele um homem forte, colocando a família em primeiro lugar e depois os amigos.

E ainda não contei a melhor parte. A melhor parte é que os pais de Betsy haviam adotado recentemente um bebê de quinze meses, uma menininha. Eles cuidaram da criança desde o nascimento e, depois de se apaixonarem por ela, decidiram adotá-la. O filho mais novo do casal já cursava faculdade, mas o sentimento de ligação com o bebê os fez decidir começar de novo. Não foi uma decisão fácil, mas a menina passou a fazer parte da família, e eles não queriam abrir mão dela.

Sinceramente, aprendi mais com o novo bebê do que com os outros. Tudo gira em torno da velha história da qual falei no início, de querer ter proximidade com alguém, mas procurando aplausos. Vi isso no bebê também. Ela se contorce toda, grita e ri, passa de mão em mão, sempre agarrando o nariz de alguém. E não suporta ficar sozinha. Precisa ter toda a atenção e, se não consegue, grita tão alto que foi apelidada de Chaleirinha.

Conheço pessoas que, apesar de adultas, não suportam ficar fora do centro de atenção. De modo semelhante a um bebê, agarram nosso rosto, olham em nossos olhos e dizem: "Olhe para mim, estou aqui, está vendo? Não sou importante? Não mereço seu sacrifício?".

No entanto, nas seis semanas que estive na casa dos pais de Betsy, começamos a notar que o bebê estava mais calmo. Os gritos não eram mais tão altos nem tão frequentes. E ela já andava sozinha na varanda, explorando seu mundo, esquecendo por alguns minutos que naquele momento não era o centro das atenções. Graças ao amor, ela estava mudando. Logo se transformaria numa criança que não apenas receberia amor, mas também devolveria aquele amor a quem lhe fizesse as mesmas perguntas que todos nós fazemos: "Não sou importante? Não mereço seu sacrifício?".

Não sei se já vi um lugar mais agradável para receber resposta a essas perguntas que o lar onde Betsy cresceu. A porta da casa era aberta constantemente por crianças chegando para o fim de semana e pela família agregada passando por lá para uma visita. Os relacionamentos eram tão importantes para o pai dela que, enquanto estive lá, ele alugou uma área de um centro de retiros e trouxe um palestrante para dar um curso sobre como os relacionamentos funcionam. Todos os filhos voltaram para casa para participar do retiro, e cerca de vinte amigos da família também participaram. Quem faz isso? Quem promove um retiro para melhorar os relacionamentos com os amigos e com a família?

Talvez você pense que toda essa conversa sobre relacionamentos tenha criado um ambiente sentimental, piegas, mas não. Ao contrário, criou uma força que atua como alicerce e com a qual cada pessoa da família construiria sua vida. Os irmãos de Betsy estavam indo bem. Eram vigorosos e causavam impacto em sua comunidade. A família estava trabalhando. Estava fazendo o que uma família deveria fazer, transformando crianças com grandes possibilidades de serem negligenciadas em adultos satisfeitos e competentes em relacionamentos, capazes de devolver amor às pessoas e criar um mundo melhor.

A partir do momento que descobri que Betsy era uma mulher extraordinária, senti um pouco de responsabilidade. Deixei de acreditar que Deus trabalha nos bastidores para tornar as pessoas poderosas, ricas ou famosas. Ao contrário, penso que devo dar minha contribuição às pessoas à minha volta e criar um ambiente onde os relacionamentos saudáveis possam florescer.

Não me importo de dizer que a intimidade e a família começaram a ser mais um projeto que um sentimento — e quanto mais as vejo como projeto, como algo significativo para desenvolver, mais entusiasmado fico. Conforme mencionei, os homens gostam de construir e criar, de sentir poder, e se não fizerem isso da maneira saudável, farão da maneira prejudicial. Estou vendo um império de relacionamentos produtivos e saudáveis e quero construir um império por conta própria.

À noite, depois de passar um bom tempo com a família, eu me dirigia à minha barraca e acendia uma fogueira no buraco sob o toldo. Lucy deitava-se ao lado da fogueira, procurando esquilos ou criaturas que se dirigiam ao lago para beber água. O pai de Betsy aparecia e tomava um copo de uísque comigo antes de dormir. Certa noite, quando estávamos sentados, ele fez um comentário sobre o fogo. Disse que, se tirássemos as lenhas do fogo e as separássemos no campo, elas se apagariam em uma hora. Elas simplesmente esfriariam ali. Disse que, por algum motivo, as lenhas precisavam umas das outras para queimar, para permanecerem quentes.

Acho que ele não queria se referir a outra coisa ao falar do fogo, mas, quando olhei para a casa, percebi a beleza que ele e a esposa haviam construído e o esforço que fizeram para manter a fogueira acesa. Eu queria construir uma fogueira como aquela para mim.

15
Você não me completará

Lembro-me de ter visto o filme *Jerry Maguire* nos tempos de infância. Há uma cena famosa no filme, na qual Jerry diz a Dorothy Boyd que ela o completa. Essa cena se espalhou por toda parte, e casais do mundo inteiro se diziam essas palavras em lanchonetes e bares. Até eu achei belo aquele sentimento. Hoje, porém, mais velho e mais experiente, tenho um novo nome para ele: codependência.

Não sabia nada a respeito de codependência antes de viajar para Onsite, e mesmo depois de ter ouvido sua definição não percebi que lutava contra ela, mas lutava sim. E isso me custou um relacionamento após outro.

A codependência ocorre quando grande parte de nossa validação ou segurança provém de outra pessoa. Agora que entendo o significado, sou capaz de localizá-la com relativa facilidade. Quando uma pessoa se preocupa demais em saber se outra pessoa gosta dela ou se reponde a um *e-mail* ou outra coisa, é sinal de codependência, embora em grau moderado. Seguir os passos de alguém constantemente seria uma versão mais assustadora da mesma tendência. Tenho um amigo íntimo que é dependente de amor. Passa de uma garota para outra e destrói o relacionamento porque as deixa sufocadas. Ele não sabe que, por mais que essas garotas retribuam seu amor, o vazio em seu coração jamais será preenchido.

Voltando a falar de Onsite, nossa terapeuta de grupo elaborou um exemplo visual extraordinário de como são os relacionamentos saudáveis. Ela colocou três almofadas no chão e pediu que eu e uma outra pessoa subíssemos em cada uma delas e deixássemos livre a almofada do meio. Apontou para minha almofada e disse: "Don, essa é sua almofada, sua vida. A única pessoa que sobe nela é você. Ninguém mais. Esse é seu território, sua alma". Em seguida, apontou para a almofada da outra pessoa e disse-lhe a mesma coisa. Então, disse que a almofada do meio simbolizava o relacionamento, que nós dois poderíamos subir na almofada do meio quando quiséssemos porque concordamos em estar no relacionamento. No entanto, ela disse, vocês não têm permissão para subir na almofada do outro. Não é da sua conta o que se passa na alma do outro. Vocês são responsáveis pela própria alma, e não pela alma do outro. A respeito da almofada do meio, a pergunta é a seguinte: "O que desejo neste relacionamento?". Se a almofada na qual os dois subiram for suficiente para acomodar os dois, ótimo. Se não, desça ou simplesmente explique como gostaria que a vida fosse na almofada do meio e veja se a outra pessoa deseja também esse tipo de relacionamento. Mas nunca, ela disse, nunca tente mudar o outro. Saiba quem você é e saiba o que deseja num relacionamento, e dê à outra pessoa a liberdade para ser ela mesma.

Eu gostaria de ter ouvido esse conselho quando estava com vinte e poucos anos. Não sei dizer em quantas almofadas de outras garotas eu subi tentando fazê-las mudar. Nem quantas noites passei sem dormir querendo saber no que elas estariam pensando ou até que ponto gostavam de mim ou se eu era suficientemente bom para elas. Uma total perda de tempo.

A certa altura, enquanto participava da terapia em grupo, mencionei que, se eu tivesse tal e tal coisa, a garota com quem estava saindo poderia pensar que... e assim por diante. A terapeuta interrompeu a sessão e perguntou-me por que eu gastava tanto tempo querendo saber no que as outras pessoas estavam pensando. "Isso vai levá-lo à loucura, Don", ela disse. "Pergunte a si mesmo se é feliz e o que deseja num relacionamento. Só isso. O que se passa na mente dos outros não é problema seu."

De repente, senti-me um espião da alma das outras pessoas, andando pela vizinhança e perscrutando a janela da alma de cada uma, querendo saber o que estavam fazendo. Ao pensar nisso, o hábito que desenvolvi décadas antes pareceu-me horripilante.

De certa forma, essa é a diferença entre meu relacionamento com Betsy e os relacionamentos que tive com todas as outras garotas. Dei liberdade a Betsy porque sei qual é minha almofada e qual é a dela. Se ela quiser ir embora, poderá ir. Sou responsável por minha saúde e felicidade, e sou responsável por perguntar o que quero num relacionamento e por tentar fazer da almofada do meio um lugar confortável e seguro para ela, e mais nada. É claro que faremos promessas um ao outro no dia do casamento, porém, mesmo quando ela for minha esposa, continuarei a acreditar que o amor de uma pessoa por mim só aumentará se eu der total liberdade a ela.

E esse pensamento fez que eu me sentisse bem. De modo diferente do que agi com as outras garotas que namorei, nunca quis saber onde Betsy estava ou com quem estava. Nunca mexi em seu celular nem abri a página dela em redes sociais. A vida dela é a vida dela e a minha é a minha, e o que temos juntos é um relacionamento. E isso é ótimo.

Não quero que você me interprete mal: amo Betsy mais que qualquer outra mulher que conheci e creio que sempre a amarei. Este é um relacionamento saudável, não a necessidade de amor que sentia no passado. Antes, eu tentava controlar a pessoa que amava, para que ela não me deixasse. Grande parte disso não passava de controle passivo, mas a situação era sempre a mesma. Sentia medo, culpa e vergonha por fechar os dedos em torno do coração de minha namorada e, sem exceção, matava todo amor que poderia ter crescido.

Agora sei que havia duas influências dominantes que me forçavam a cerrar os punhos. A primeira era o fato de que eu estava tentando usar as mulheres para curar feridas antigas, e a segunda era a falsa ideia de que, acima de tudo, eu poderia me completar com qualquer uma daquelas mulheres.

A descoberta de que eu usara as mulheres para curar feridas antigas ajudou-me a entender de onde vinha a característica da codependência. Percebi o que se passava quando li um livro intitulado *Mais amor em sua vida*, escrito pelo dr. Harville Hendrix. Trata-se de um livro mais clínico do que o título sugere, porém a teoria de Hendrix atingiu-me em cheio. Basicamente, ele argumenta que nos sentimos atraídos, no subconsciente, pelas características negativas de nossos principais cuidadores. Ele quer dizer que, na infância, tínhamos pais, irmãos mais velhos, avós e talvez até professores com quem partilhávamos nossas necessidades básicas de sobrevivência. Em outras palavras, se não agradássemos nossos pais e avós, a comida, o abrigo e o amor que recebíamos estaria sob ameaça.

Hendrix acredita que, quando encontramos alguém na vida adulta que mostra algumas características negativas semelhantes às que vimos na infância, nosso subconsciente as reconhece como a mamãe ou o papai com quem tivemos um relacionamento mal resolvido. Nosso cérebro se prende literalmente a essa pessoa aleatória e pensa que, se pudermos reparar algumas dessas características negativas em nós, teremos segurança e nunca mais voltaremos a nos preocupar com comida, abrigo ou amor. É por isso que homens que tiveram mães controladoras se sentem atraídos por mulheres controladoras e garotas que tiveram pais abusivos se sentem atraídas por homens que as tratam de modo semelhante. Na verdade, é uma teoria triste.

No entanto, por mais louca que pareça, essa teoria faz sentido. Passei a vida sentindo atração por mulheres que mostravam algumas características com as quais convivi na infância. E, acima de tudo, o sentimento que eu entendia como paixão ou amor era, na verdade, uma sensação profunda de que, se o relacionamento desse certo, minhas feridas antigas seriam curadas. Em outras palavras, eu não amava aquelas garotas na mesma proporção que queria usá-las para consertar algo quebrado dentro de mim. Então, por causa dessa incrível necessidade, subia nas almofadas das garotas por medo de as perder.

É interessante quanto apenas estar consciente dessa dinâmica começou a alterar a natureza de meus relacionamentos. De repente, eu era capaz de ver por que estava atraído por uma pessoa e decidir, independentemente de quaisquer fogos de artifício que explodissem em meu subconsciente, se aquele poderia ou não ser um relacionamento saudável. E, na maioria das vezes, não podia. De repente eu tinha o poder de me afastar antes que alguém se machucasse. E logo o mecanismo de atração de idade desapareceu quase que completamente. Eu simplesmente não me sentia mais atraído pelos mesmos tipos de mulher.

Estranhamente, Hendrix argumenta, quanto mais o parceiro exibe as características negativas de nossos primeiros cuidadores, mais paixão sentimos no relacionamento. A princípio, constatei que essa era uma triste realidade, embora verdadeira, e comecei a ver o engano inerente às primeiras emoções, que em geral confundimos com amor. Quando conheci casais cujo casamento continuava firme depois de trinta ou quarenta anos, nenhum deles estava vivendo na montanha-russa da paixão e, depois, do ressentimento. Ao contrário, amavam um ao outro como um ato de determinação consciente. Estavam mais no controle do próprio amor do que a pessoa amada estava no controle deles.

É por isso que penso que Betsy e eu demoramos um pouco para nos apaixonar. Ela não possuía nenhuma das características negativas pelas quais me senti atraído um dia. Lembro-me de sentar-me diante dela em um de nossos primeiros encontros, observando sua beleza incrível, mas também me perguntando se daríamos certo porque eu não estava apaixonado. Ocorreu-me, então, que eu ainda não a conhecia o suficiente para estar apaixonado. Não estou dizendo que um casal não possa apaixonar-se à primeira vista. Estou apenas dizendo que, mais cedo ou mais tarde, esse amor terá de enfrentar a dura realidade. Será que essa pessoa possui o caráter e a disciplina necessários para que o relacionamento dê certo? A paixão é verdadeira ou eles estão tentando curar feridas antigas?

Ao longo do tempo, meus sentimentos aumentaram, porém não eram mais os antigos sentimentos de obsessão. Eram mais semelhantes a respeito, admiração e atração. Aparentemente, Betsy possuía todas as ferramentas necessárias para eu ir até o fim. Era bonita, atenciosa, forte e amável. Era exímia em resolver conflitos e não tinha nenhuma habilidade para manipulação. Aliás, eu diria que me apaixonei verdadeiramente por ela por um motivo bastante prático: entendi que não havia outra garota no planeta com quem eu mais me identificasse para ter um relacionamento saudável e que, se houvesse, não queria conhecê-la.

A outra mudança de paradigma que finalmente me permitiu ter um relacionamento foi teológica. Percebi que havia um anseio subconsciente em meu coração que não poderia ser resolvido por outro ser humano. Betsy poderia resolver meu anseio por ter uma companhia íntima, sem dúvida, mas estou falando de algo mais profundo. Algumas pessoas pensam nisso como se fosse um anseio por Deus, e acho que estão razoavelmente certas. Em minha opinião, contudo, esse anseio nunca será satisfeito nesta vida. Em outras palavras, estou convencido de que toda pessoa tem um anseio que nunca será satisfeito, e cabe a nós mantê-lo vivo, respirar e sofrer dentro dele como forma de desenvolver nosso caráter.

Lembro-me de ter ouvido na igreja, desde criança, que existe um vazio em nosso coração que só pode ser preenchido por Jesus; porém, mais tarde na vida, quando me tornei um seguidor de Jesus, continuei a sentir o vazio. Jesus não o estava preenchendo. A experiência foi tão frustrante que quase me afastei da fé.

Mais tarde, porém, li na Bíblia que haverá um casamento no céu e que, um dia, estaremos reunidos com Deus. A Bíblia apresenta a bela descrição de um leão deitado ao lado de um cordeiro, de todas as nossas lágrimas sendo enxugadas, de um Mediador gerando paz e de um Rei governando com sabedoria e bondade. A linguagem é indefinida e muitas vezes vaga, mas não há dúvida alguma de que a alma dos homens será curada e talvez completada tão logo estivermos unidos com Deus, e nem um segundo antes. O que diferencia o cristianismo das teorias sensacionalistas que muitas pessoas aceitam é que Jesus não oferece essa completude aqui na terra. Ele apenas pede que confiemos nele e o sigamos até o dia do casamento metafórico que teremos no céu.

Quanto mais penso nisso, mais a Bíblia faz sentido. Os primeiros seguidores de Jesus sofreram dor, provação e frustração, algo muito distante de uma vida romântica. Mas eles consolavam uns aos outros, cuidavam uns dos outros e confortavam uns aos outros durante esse anseio.

Em minha opinião, o mau uso do anseio por Deus tem causado grande sofrimento a muitas pessoas. Na verdade, talvez alguns de meus erros iniciais nos relacionamentos tenham ocorrido em parte porque eu procurava encontrar numa mulher a solução para meu anseio, uma carga que nenhuma parceira romântica tem o dever de carregar. Quantos relacionamentos foram desfeitos por duas pessoas que tentaram expulsar o Jesus de cada uma delas?

No início de nosso relacionamento, Betsy e eu conversamos sobre essa dinâmica e decidimos que não cairíamos nela. Sabíamos que cada um de nós sentia um anseio não resolvido que não seríamos capazes de preencher. Passamos a ver isso como um fator positivo, e não negativo. O fato de que não poderíamos cair na ilusão de ficar ressentidos um com o outro por não termos curado as feridas mais profundas um do outro talvez fosse a diferença entre nosso relacionamento e os muitos que haviam sido desfeitos e arruinados.

Nunca me esquecerei da noite, na véspera de nosso casamento, em que tentei explicar essa ideia a nossos amigos e familiares. Quase me perdi na explicação. Havia mais de cem pessoas presentes ao jantar de ensaio. Quando chegou a hora de fazer o brinde final, levantei-me diante dos amigos e familiares e confessei a Betsy que não acreditava que nós nos completávamos. Não sei até que ponto minhas palavras soaram estranhas, mas todos permaneceram em silêncio, como se eu estivesse anunciando o rompimento do noivado.

Expliquei rapidamente que tínhamos um bom relacionamento porque nenhum de nós colocava expectativas injustas no outro. Algumas mulheres na sala olharam para mim como se eu fosse o homem menos romântico do mundo. Betsy olhou para mim e riu. Tentei me redimir e, gaguejando, falei que um de nossos maiores anseios é estar com Deus um dia. Expliquei o que o anseio significava para mim, que ele é a aceitação suprema, a maravilha de estar com alguém maior que nós, e que tenho visto reflexos disso na beleza do mar e na grandeza das montanhas. Expliquei que sempre senti esse anseio e que Betsy também o sentia.

"Betsy e eu faremos o possível para não colocar o peso desse anseio um no outro", eu disse. "Pelo contrário, consolaremos um ao outro nesse anseio e o amaremos pelo que ele é, uma promessa de que Deus nos preencherá um dia."

Não sei quantas pessoas entenderam realmente minhas palavras durante o brinde. Imagino que algumas pensaram que, se Betsy e eu não nos sentíamos capazes de completar um ao outro, não era possível entender por que nos casaríamos. Mas, para mim, a resposta àquela pergunta é simples: nós dois temos alguém com quem compartilhar esse anseio.

Não sei se existe uma forma mais salutar para duas pessoas continuarem apaixonadas que parar de usar um ao outro para resolver seus anseios não satisfeitos e, em vez disso, começar a aproximar-se cada vez mais um do outro à medida que os experimentam.

Não me importo com o anseio. O anseio é belo. Só não quero voltar a senti-lo sozinho. Quero compartilhá-lo com Betsy.

16
O lugar onde deixamos nossos fantasmas

Para algumas pessoas, ser capaz de ter intimidade com alguém é tão difícil quanto emagrecer cinquenta quilos. É necessário derrubar hábitos antigos, vencer o desejo de agradar aos outros, dizer a verdade e encontrar satisfação numa porção diária de amor verdadeiro. No ano anterior ao nosso casamento, acho que perdi vinte daqueles cinquenta quilos, mas tinha um longo caminho a percorrer. Poucos meses antes do casamento, no entanto, vi acontecer algo que me deu esperança.

O lugar que Betsy escolheu para o casamento era um clube de campo antigo, esquecido, às margens do rio Tchefuncte. Ela escolhera o lugar enquanto eu participava de um retiro de escritores e me explicara por telefone que o preço estava bom, mas que o local necessitava ser melhorado, muito melhorado. Perguntei por que ela queria casar num lugar que não estava perfeito, e ela respondeu que *perfeito é subjetivo*. Contou que sua família tinha lembranças de lá, que os avós possuíam uma casa na frente do campo de golfe e que a mãe crescera nadando na piscina atrás do salão de baile. Descreveu o ambiente mais como uma história que como um lugar. Disse que casaríamos numa área espaçosa perto da piscina, em frente a um carvalho centenário. Haveria pequenas luminárias ao longo da beira da piscina, levando até um desembarcadouro flutuante e baixo no rio. Perguntei se poderíamos sair da festa do casamento de barco, e ela amou a ideia.

Quando retornei a Nova Orleans, Betsy levou-me ao local da cerimônia. Atravessamos a vizinhança de carro, serpenteando entre casas construídas sobre terrenos de dois mil metros quadrados, divididos mais para proteger os carvalhos antigos que para dividir a terra em partes iguais. Havia colunas altas de concreto sustentando estátuas góticas para marcar os portões do antigo clube. Os carvalhos debruçavam-se sobre os muros cinzentos, deixando cair as folhas que os pneus de nosso carro esmigalhavam. O portão do clube de campo estava quebrado e aberto, encostado pesadamente ao muro do estacionamento, como se ainda sentisse orgulho da proteção que proporcionara um dia. Fui capaz de sentir a história do lugar enquanto passávamos por ali e entendi por que Betsy queria acrescentar nosso casamento àquela história. Avistamos, do outro lado do rio, árvores crescendo no pântano, tão altas como se fossem uma floresta para gigantes. Era a melhor parte de Nova Orleans. A sensação era de que seus fantasmas eram cordiais. Até no estacionamento havia um carvalho antigo, de onde balançavam fios de limos como se fossem barbas longas e macias de um velho.

Quando, porém, entramos no pátio, tive uma súbita mudança de ideia. Era pior do que ela descrevera.

Betsy movimentou-se sem falar, esperando que eu visse o que ela vira. Mas não vi. Vi ervas daninhas crescendo entre as fendas no concreto, tijolos quebrados caídos e amontoados nos canteiros de flores. Faltavam algumas tábuas no banco ao redor do enorme carvalho, e a água da piscina, que a mãe dela tanto apreciara, estava marrom, quase preta. Quando nos aproximamos, girinos do tamanho de bagres nadaram rapidamente para o centro, e uma tartaruga afundou com a carapaça inclinada na água escura, deixando uma pata à mostra na superfície enquanto afundava.

Tentei não demonstrar surpresa e comecei a inventar uma estratégia para cancelar o contrato. Não queria que Betsy notasse minha decepção, por isso lhe pedi que me contasse qual era sua opinião. Ela caminhou vagarosamente, falando em voz baixa. Disse que a piscina poderia ser limpa, é claro. E haveria uma barraca entre a piscina e o salão de baile onde as pessoas se sentariam confortavelmente sob aquecedores. Disse também que sua tia possuía centenas de luminárias e mostrou-me onde seriam instaladas ao redor da piscina e iluminando um caminho até o embarcadouro. Mostrou-me também onde faríamos nossos votos de casamento, com os convidados de frente para nós, o carvalho ao fundo e a curva do rio a distância, um pouco adiante do carvalho. Disse que o sol se poria atrás do carvalho e que seu cunhado se sentaria ali para tocar violão. "Este é o lugar onde minha mãe fará a oração e onde Matt e Bob oficiarão a cerimônia", ela disse.

Parte de mim queria dizer que havia muita coisa para consertar. Mas havia algo que Betsy me ensinara: nunca há motivo para reagir com exagero. Ela é especialista em peneirar suavidade em cima do drama. Podia ver os sinais de preocupação em meu semblante, por isso falou com muito respeito sobre como o lugar era antigamente e como poderia voltar a ser se colocássemos um pouco de amor nele. Ela contou a história do dia em que seu tio visitou a piscina quando era menino, pobre demais para comprar um traje de banho. Ele nadou de bermuda *jeans*, e todas as garotas riram dele. Ele disse durante anos que o lugar o fazia sentir-se inferiorizado. Disse isso até casar-se com uma das garotas. Sorri ao ouvir a história. É engraçado como uma história pode começar a dar novo aspecto a um lugar.

Enquanto pensava em nossos convidados, enquanto pensava em Bob fazendo a pregação e em nossos pais que oravam por nossos parceiros mesmo antes de nascermos, senti dificuldade em afastar-me do desafio. Afinal, que fase de nosso namoro não necessitara de um milagre? Por que, então, não participar de mais uma?

Betsy olhou para mim com esperança e concordei com relutância que aquele era o lugar onde nos casaríamos. Ela aproximou-se de mim, encostou a cabeça em meu ombro e colocou os dedos em minha mão. Permanecemos ali, contemplando o pôr do sol do outro lado da piscina, enquanto Betsy recordava as lindas e numerosas cenas da infância e eu sorvia o ar, imaginando se a piscina também não havia sido usada como banheiro por alguns vagabundos.

Em cada uma das vezes que voltamos para visitar o local, a piscina havia sido esvaziada um pouco mais, grande parte das ervas daninhas tinha desaparecido e mais uma carga de entulho havia sido retirada. Ainda seria necessário um milagre, mas podíamos ver que a história que estávamos vivendo começava a produzir frutos na vida real. Havia um ar de renovação no lugar.

Eu também estava começando a me encantar com a história. Betsy falaria com o gerente da propriedade ou com o coordenador do casamento, e de repente tive a sensação do significado profundo de tudo aquilo. Digo sensação porque não existe nenhuma explicação racional para esse tipo de emoção, talvez, a não ser quando fazemos acidentalmente um pequeno buraco no tecido da realidade, para que algo do outro lado brilhe, expondo a escuridão da rotina de nossa existência. Mais de uma vez, quando visitamos o clube de campo, tive de afastar-me de Betsy e do coordenador do casamento porque havia lágrimas em meus olhos.

Meu amigo Al Andrews estava certo. Os relacionamentos são teleológicos. Todos têm um destino e transformam-nos em novas pessoas, de preferência melhores. Aquilo que Betsy estava fazendo no local do casamento era idêntico ao que nosso relacionamento estava fazendo comigo. O que mais é capaz de mudar uma pessoa senão viver uma história? E o que é uma história senão desejar algo difícil e estar disposto a esforços para consegui-lo?

Certa vez, ouvi alguém dizer que a mulher se casa com um homem, mas o homem se casa com um momento propício. Talvez haja um pouco de verdade nisso. Se não tivesse havido um ocaso em minha vida de solteiro, eu não teria me esforçado para ter um relacionamento a dois. Mas chegara a hora e eu estava pronto.

Penso que, nos dias de hoje, é difícil demais manter um casamento. Mais que nunca, todos nós precisamos de um milagre. Os rapazes demoram mais para amadurecer, e os padrões de comportamento que aprendemos não são os ideais. Eu tinha poucas dúvidas de que o casamento seria um desafio, até mesmo na questão de escolher o bolo de casamento, o bufê e a gravata que os padrinhos usariam na cerimônia. Por certo seria prazeroso, mas quando um escritor com tendência a isolar parceiros se associa a uma pessoa extrovertida, que adora ser hospitaleira, a essência da história prossegue. E todas as histórias giram em torno de um conflito.

Existe algo entre uma pessoa e aquilo que ela deseja, e isso se chama trabalho. E eu fiz o trabalho. Ou pelo menos iniciei o trabalho. O velho "eu" que havia em mim foi morrendo aos poucos até transformar-se no novo "eu", aquele que é compatível com a convivência a dois. E essa morte lenta, seguida da ressurreição, provavelmente durará a vida inteira.

Deixei de acreditar que o amor funciona como um conto de fadas, pois ele funciona, na verdade, como o cultivo do solo. Grande parte do amor consiste em levantar cedo, lavrar a terra e orar por chuva. Mas, se realizarmos o trabalho, veremos um dia, ao acordar, uma plantação imensa estendendo-se até o horizonte. Em minha opinião, isso é melhor que um milagre. Prefiro ganhar dinheiro com meu trabalho a ganhar dinheiro na loteria, porque é no final da história que sentimos a alegria da recompensa.

A piscina foi limpa a tempo. As tartarugas foram jogadas novamente no rio, os girinos foram recolhidos em redes, e só Deus sabe quantas horas de lavagem por pressão foram necessárias para fazer o local parecer novo. O homem que cuidava da propriedade ocultou uma mangueira de jardim atrás do chafariz em estilo gótico para parecer que ele estava funcionando e instalamos luminárias nos bancos quebrados ao redor do carvalho para que ninguém se sentasse neles. Charlie, tio de Betsy, possuía uma sementeira e trouxe cem árvores e arbustos, e os irmãos de Betsy os colocaram na frente dos tijolos quebrados e da pintura descascada. Os outros tios de Betsy arrastaram um barco até o embarcadouro e as tias dela o decoraram com bandeirolas e letreiros anunciando nosso casamento. Meus padrinhos e os irmãos de Betsy trouxeram fogos de artifício e os colocaram no embarcadouro para que pudessem soltá-los quando saíssemos sorrateiramente do local. É encorajador ver o esforço que as pessoas fazem para colaborar com uma história de amor. É como se reconhecêssemos universalmente que vale a pena o sacrifício em prol da união de duas almas.

Lembro-me do que meu amigo John contou sobre o longo tempo que ele levou para se casar com sua mulher. Disse que só tomou a decisão depois de nove anos de namoro. Não que ele não quisesse se casar com ela; ele sempre quis, só que continuou adiando o casamento, à espera de que o momento certo chegasse. Duas vezes, quando entrou numa joalheria para escolher o anel de casamento, ele teve um ataque de pânico e começou a rastejar com a mão no peito. Finalmente, um terapeuta amigo dele o puxou de lado e explicou que o amor era uma decisão, que era algo que você faz acontecer e que acontece com você. Por fim, John reconheceu que tanto a vida de solteiro como a vida de casado tinham suas recompensas, mas preferiu a vida de casado. Disse-me que tomou a decisão e que o dia de seu casamento foi o mais feliz de sua vida.

Senti o mesmo. Nosso casamento foi o fim de uma aventura maravilhosa que me fez atravessar caminhos sombrios até chegar a um lugar iluminado. E, claro, seria o começo de uma aventura muito mais difícil. Minha fé ensina-me que o caminho para unir duas almas apaixonadas deve necessariamente incluir uma crucificação, e penso que existe uma metáfora nisso para o casamento.

Ouvi dizer que cabe ao homem a responsabilidade de resgatar a mulher, mas não senti que estivesse resgatando ninguém naquele dia. Senti que era eu quem estava sendo resgatado; resgatado de meu medo e de minha insegurança, que me tornavam assustadoramente fraco na questão de relacionamentos, resgatado do isolamento e das ilusões dos contos de fada sobre o verdadeiro significado do amor. E não foi apenas Betsy quem me resgatou. Foi Deus e também meus amigos, meus terapeutas e um coral de personagens que queriam ver o amor vencer naquele dia.

Bob chegou cerca de uma hora antes da cerimônia e colocou a mão em meu ombro. Olhou para mim e disse: "Don, você é bom em relacionamentos". Ainda não sei se ele está totalmente certo. Tenho muito trabalho a fazer e sei que é difícil manter um casamento. Mas, dessa vez, quando Bob disse aquelas palavras, elas soaram mais verdadeiras que nunca. Eu realmente melhorara.

Suponho que esse seja o ponto central deste livro. Existe verdade no conceito de que nunca seremos perfeitos no amor, mas podemos chegar perto da perfeição. E, quanto mais perto chegarmos, mais felizes seremos. O amor não é um jogo em que um de nós é capaz de vencer; é uma história que podemos viver e apreciar. Portanto, é uma missão nobre acrescentar um capítulo à história de amor e transformar nosso capítulo num bom capítulo.

Não costumamos pensar muito em quanto nossas histórias de amor afetam o mundo, mas elas afetam. Ao observar o modo como vivemos, as crianças aprendem que existem coisas pelas quais vale a pena viver e coisas pelas quais vale a pena morrer. Quero ensinar a nossos filhos a não ter medo de mostrar a cara; e mais, quero ensiná-los a ser valentes. Quero ensinar a eles que o amor vale o preço a ser pago.

Grande parte do restante da cerimônia tornou-se um pouco embaçada para mim agora. Lembro-me da barba dos homens idosos perto do carvalho, inclinando-se em direção à nossa tenda para assistir à cerimônia e dos rostos brilhantes de nossos amigos e familiares. Lembro-me de Betsy em seu vestido de noiva atravessando as portas do clube de campo e aparecendo no pátio, irradiando uma luz de brilho incomum, resplandecendo através do tecido rasgado do mundo como um vislumbre raro de delicadeza.

Sou muito grato.

Agradecimentos

Sou grato a Betsy Miller por ser minha parceira na jornada sem fim da vida íntima a dois e por arriscar-se a investir na "caixa preta" que é o amor humano. Também sou grato por sua família extraordinária, os Miltenbergers. Sou grato a seus pais, Ed e Laurie, cuja aventura não foi mergulhar num oceano nem escalar uma montanha, mas formar uma família. Vocês construíram algo mais profundo, mais largo e mais alto que o sonho isolado de um vencedor, e somos todos abençoados pelo trabalho de vocês. Agradeço também à minha mãe, que me deu o dom da segurança. Sem ela eu não me sentiria à vontade para me revelar ou revelar minha história ao mundo.

Um número enorme de amigos emprestou-me suas histórias e sua sabedoria. Sou grato a Paul e Kim Young, a Mark, Jon e Tim Foreman, a Henry Cloud, a John Cotton Richmond, a Marshall e Jamie Allman, a David Gentiles e suas filhas, a Al Andrews, à família Miltenberger, ao dr. Harville Hendrix, a Daniel Harkavy, a Ben e Elaine Pearson, e a John e Terry MacMurray.

Escrevi este livro graças à imensa ajuda dos editores. Sou grato a Joel Miller, Jennifer Stair e Heather Skelton. O trabalho incansável de todos eles para eliminar as partes indesejáveis deste manuscrito foi inestimável para mim. Também sou grato ao pessoal de *marketing* e publicidade da Thomas Nelson. Obrigado a Belinda Bass, a Chad Cannon e a toda a equipe. Quero também agradecer a Shauna Niequist, que leu atentamente o manuscrito e ofereceu-me um precioso *feedback*, e a Bryan Norman, um agente literário incrível que leu o livro com muito critério e presenteou-me com mais de cem páginas de "anotações nas margens". Sou realmente grato a ele.

Gostaria também de agradecer a Brian Hampton, meu editor, com quem tenho trabalhado há muitos anos. Brian foi paciente, sábio e bondoso, e sem seus conselhos duvido que teria sido capaz de moldar este livro.

Betsy e eu agradecemos a nossos amigos dos Onsite Worshops e de seu Living Centered Program. Sem a maneira única que esses amigos possuem de ajudar as pessoas e sem as amizades extraordinárias que fizemos com Miles Adcox e Bill e Laurie Lockey, provavelmente eu continuaria perdido.

Sem o pessoal da StoryBrand, eu jamais teria tido o tempo necessário para escrever este livro. Eles mantêm as coisas em movimento. Obrigado a Tim Schurrer, Kyle Reid, Kyle Hicks e Cadence Turpin por terem transformado o escritório num ambiente doméstico.

Obrigado também a nossos amigos que ofereceram suas lindas canções para a trilha sonora. Obrigado por terem compartilhado seu coração e seus talentos e por terem oferecido os cânticos litúrgicos que, de alguma forma, nos unem numa experiência de comunhão e beleza.

Também quero agradecer a Bob Goff, que disse o tempo todo que eu era bom em relacionamentos. Sem ele esta história não teria tido um desenvolvimento natural. Obrigado por ser um amigo fiel durante tantos anos. Você também é bom em relacionamentos.

E, por fim, sou grato a você. Estou nesta missão há muito tempo e não teria sido capaz de fazer isso sem você. Embora eu escreva com a voz de alguém que narra as próprias experiências, meu objetivo é contar a história coletiva que partilhamos. De alguma forma misteriosa, espero que este livro nos conecte um ao outro. Essa conexão tem sido restauradora para mim, e sou grato por isso.

Compartilhe suas impressões de leitura,
mencionando o título da obra, pelo e-mail
opiniao-do-leitor@mundocristao.com.br
ou por nossas redes sociais

Esta obra foi composta com tipografia Adobe Caslon Pro
e impresso em papel Pólen Soft 70 g/m² na gráfica Assahi